ESQUISSE

sur la

LOMBARDIE

ESQUISSE

SUR LA

LOMBARDIE

Considération, mœurs du Lombard, son caractère distinctif, hommes célèbres, statistique de la Lombardie. La scala et la société milanaise. etc. etc.

PAR

PIERRE DUCROS
DE
GRENOBLE

Florence
Paolo Fumagalli,
1846

PRÉFACE

Je me suis dit souvent en réflichissant sur l' Italie pourquoi méconnoit-on cette terre classique de l'antiquité artistique, où l'on rencontre presque à chaque pas un monument, un nom illustre, un souvenir glorieux!! Pourquoi ne respecte-t-on pas ces lieux ou reposent les tombes qui furent jadis le berceau des sciences et des arts!! Mais hélas! la multitude de voyageurs qui accourt de toutes les parties de l' Europe pour visiter l' Italie, et la quantité d'écrits que l'on publie journellement sur cette terre privilégiée, a fait de ce qu'on appelle assez abusivement l' Italie telle qu'elle est: l'Italie telle qu'elle n'est pas! La Lombardie surtout a droit de se plaindre d'être si souvent traitée avec tant de légèreté par cette nuée de voyageurs qui ne craignent pas de se déconsidérer par le ton tranchant et la fatuité avec lesquels ils critiquent, jugent et concluent à tout propos à tout hasard un si beau pays qui fourmille de tant de belles choses, si souvent ignorées de l'étranger. En ma qualité de Français ayant résidé long-temps en Lombardie, je crois rendre hommage à la verité en publiant cette esquisse. Je l'ai dépouillé de tout esprit de partialité. J'ai tâché par le soin de mes recherches, autant que par l'étude et la patience à suppléer à mon manque de capacité littéraire. J'ai fait précéder mon travail d'un précis historique que j'ai muni de quelques détails statistiques; afin de pouvoir donner une idée juste et raisonnée du double aspect physique et moral de ce beau pays. Si par mon oeuvre je réussi à donner un apperçu réel et positif de la Lombardie, mon but sera rempli.

PRÉCIS HISTORIQUE

Monza a joué un si grand rôle dans l' histoire des Lombards et des Ducs de Milan, qu'on ne peut donner un apperçu historique de la Lombardie sans parler de cette ville antique dont l'origine se perd dans la nuit des temps. Monza a onze mille habitans, et peut être considérée comme la capitale de laBrianza. Elle est située à trois lieues au nord-est de Milan. La Cathédrale est un édifice remarquable et fort ancien, elle est ornée de peintures du Guerchin, de Bernardin Luini etc. On conserve dans sa sacristie quelques objets très curieux, qui furent donnés par la Reine Théodolinde et par l'Empereur Bérenger. Mais ce qui mérite de fixer plus particulièrement l'attention du voyageur, c'est la célèbre couronne de fer qu'on posait sur la tête des anciens Rois, à l'époque de leur couronnement. Cette couronne a été ainsi appelée à cause d'un cercle de fer qu'elle renferme dans la partie intérieure qui entoure la tête. On prétend que ce cercle a été formé d'un clou de la croix de N. S. par Hélène mère de Constantin le grand. Ce joyau Besant qui brilla sur la tête de Corradin I, Henri IV, Corradin II, Corradin III, Henri V, Charles IV et Charles V, servit pour le couronnement de Napoléon à Milan le 26. mai 1805 et pour celui de l'Empereur Ferdinand I le 7 septembre 1838. Napoléon à l'époque de son couronnement donna une nouvelle splendeur à la couronne de fer par la création de l'ordre chevaleresque de cette couronne. Le dépôt de la couronne est à Monza, et d'après un usage qui dâte du 17em. siècle elle est exposée à la vénération publique dans une procession qui a lieu le premier dimanche de septembre de chaque année. Le palais royal de Monza est un superbe édifice moderne. Ses jardins sont distribués avec goût et avec élégance, ses serres renferment de riches collections de plantes indigènes et éxotiques. Le parc est admirable par son étendue sa distribution, ses collines, ses forêts, ses temples, ses pavillons etc. etc. Monza est le Versailles de Milan, et l'on peut dire aussi, qu'elle est par son industrie, le Manchester de la Lombardie, Dans le quatrième et le cinquième siècle, Monza semble avoir été indépendante de Milan. A cette époque, la Lombardie fut gouvernée par des vicaires. L'évêque Métropolitain de Milan comptait alors sous sa dépendance les évêques de 21 Villes.

Brescia, Bergame, Verceil, Novare, Lodi, Cremone Tortone, Ventimiglia, Asti, Sarone, Turin, Albenge Aosta, Pavie, Acqui, Plaisance, Gènes, Come, Coira, Ivrée et Alba.

Le cinquième et le sixième siècle est l'époque fatale de l'invasion des barbares qui déchirent, et ruinent successivement toutes les villes de la Lombardie.

Milan est détruite deux fois en peu de temps par Attila et Uraja. Ce n'est que vers la fin du onzième siècle qne cette capitale reprend son essor de puissance et de gloire en s'érigeant en république Mais bientôt elle ne peut rés ster aux forces réunies de l'empereur Frédéric Barberousse qui s'en empart après un mois de bloccus (1158). Milan redevenue libre est bientôt forcée de lutter encore contre le même Barberousse, et se trouve de nouveau plongée dans toutes les horreurs d'un siège.

Son héroïque défense, l'héroïsme de son désespoir: rien ne peut la soustraire au courroux du vainqueur qui s'en empare après sept mois de siége pour la détruire de fond en comble (1162). La chûte de Milan est si mémorable qu'elle rappelle celle de Carthage. Ce fut l'époque de l'anéantissement de son esprit guerrier et de sa nationalité. Milan n'a plus désormais que quelques souvenirs de gloire qu' elle partage avec ses vainqueurs dont elle est forcée de suivre la fortune en vassalle résignée, pour en rester toujours l'apanage (1).

Cinq ans apèrs la destruction Milan est rebatie et ses fortifications sont rétablies par les Milanais rentrés en foule sous la conduite du moine Jacob. Quelque temps après le château de Trezzo est pris et sa garnison Impériale est conduite prisonnière à Milan: 23 villes s'unissent sous l'influence du pape Alexandre III et sanctionnent le pacte de la ligue Lombarde. Bientôt l'armée Impériale enveloppée par celle des coalisés est anéantie á Legnano (1176). Après les préléminaires de la paix le traité de Constance est enfin rectifié (1183). L'état de Milan devenu indépendant reste sous le régime oligarchique jusqu'au milieu du treizième siècle. Mais les continuelles discutions de la noblesse entretenues par la grande division de la propriété lui font subir toutes les phases de l'anarchie. L'an 1198 le peuple a son corps politique sous le nom de croyance de St Ambroise. Au milieu des rivalités toujours flottantes, Otton Visconti travaille à l'agrandissement de sa maison (1261). Après lui Matthieu Visconti semble être quelque temps le jaut des

(1) Per essere quelle membra tutte corrotte: il che si vede dopo la morte di Filippo Visconti che volendo ridurre Milano alla libertà non potette e non seppe mantenerla.
Machiavelli, Sulla prima Deca di Tit. lib. 1. Cap. XVII. pag. 87.

vicissitudes de la fortune. Elu enfin Vicaire Impérial de l'état de Milan par Henri de Luxemburg (1311), il soumet à sa domination Plaisance, Tortone, Bergame, Lodi, Come, Crémone, Alexandrie, Pavie, Verceil et Novare. Il meurt l'an 1322.

Après la mort de Matthieu Vìsconti dix de ses descendans gouvernèrent successivement l'État de Milan. Des douze Visconti qui se succèdèrent alternativement pendant environ un siècle deux seulement: Azone et Jean furent heureux par leur vertu, leur sensibilité et leur bienfaisance. Le règne de ces deux princes fut court, et ne fut qu'un oréole de bonheur Tous les autres Visconti eurent une fin malheureuse. Matthieu I qui fonda la grandeur de sa maison mourut de chagrin. Galeazzo I son fils mourut par suite des longues souffrances de sa prison, Etienne mourut de poison, Marc fut jeté par une fenêtre, Luchino fut empoisonné par sa femme, Matthieu II fut tué violemment par ses frères Bernabo mourut de poison dans la prison de Trezzo, Jean Marie fut massacré á l'àge de 24 ans (1412), ce prince unique, cruel, fou, faible, imbécille, qui porta environ 10 ans le titre de Duc fut un monstre féroce digne de ce siècle d'horreur. Philippe Marie qui lui succèda et règna 35 ans, fut le dernier rejeton des Visconti. Ce prince superticieux, bigot, cruel, fourbe, tyran sans foi, faible et lâche, mourut dans le château de Milan à l'âge de 55 ans (1447)

Sa vie ne fut qu'une allarme continuelle.

La branche des Visconti se trouvant éteinte par la mort de Philippe Marie, Milan tombe dans l'anarchie en essayant de s'ériger en République. Cette Ville florissante qui compte plus de trois cent mille habitans se trouve alors en proie aux dissentions. Le château est démoli, et le pouvoir ignoble dégradé et avili, passe bientôt dans les mains d'un capitaine habile et distingué par ses talens politiques autant que par ses vertus guerrières, François Sforza, époux de la fille naturelle de Marie Philippe dont la tête est mise apris, assiège Milan et s'en empare (26 février 1450) il est proclamé Duc, il consolide sa puissance et fait reédifier le château de Milan, son règne de 12 ans qui a (dans une sphère bien plus étroite) quelque ressemblance à celui de Napoléon rappelle en même temps les phases de celui d'Henri IV qui eut pour témoin un siècle beaucoup plus éclairé. Galeazzo Marie Sforza successeur de François Sforza (1466) ne se fait remarquer que par son faste et ses prodigalités Après lui Ludovic Sforza dit le More, pour soutenir son usurpation attire les français en Italie. L'an 1494 Charles VIII descend en Italie, a son approche les vieux gouvernemens s'écroulent; bientôt les français sont maîtres de Naples et d'une grande partie de l'Italie. Mais au bout de trois mois les Napolitains étant las des Français, et les

Français ne l'étant pas moins de Naples, Charles VIII est contraint de rentrer en France, n'ayant pour justifier toutes ses imprudences qu'une victoire aussi ruineuse que sanglante. Louis XII qui lui succède l'an 1498 envahit les Milanais, et chasse de ses états Ludovic le More qui se réfugie à Inspruck auprès de l'Empereur Maximilien (1499). Le 6 octobre de la même année Louis XII entre solennellement à Milan; bientôt après son départ Ludovic à la tête d'une armée suisse reparait dans ses états, et rentre à Milan le 4 février 1500. Après avoir mis à la tête de son gouvernement le Cardinal Ascanio son frère, il se rend à Pavie pour y organiser son armée. Mais n'ayant pu lutter contre les français, il est fait prisonnier près de Novare et va finir ses jours en France dans le château de Loches à l'âge de 57 ans (1508).

Depuis la prise de Ludovic jusqu'en 1507 il n'arriva rien d'important en Lombardie si l'on en éxcepte l'éloignement des suisses qui s'emparent de Bellinzona que Louis XII est obligé de leur céder.

Louis XII défait les Vénitiens à la sanglante bataille d'Agnadel (14 mai 1509) et après cette mémorable victoire fait son entrée triomphale à Milan le premier juillet de la même année.

Cependant les Vénitiens font une paix secrète

avec le pape Jules II qui ne cesse d'entretenir des intelligences avec les suisses, et qui ne tarde pas à faire entrer dans la Sainte ligue contre la France Ferdinand, Henri XIII et Maximilien (1511-1512).

La politique des alliés est un instant déconcertée par la courte apparition de Gaston de Foie, neveu de Louis XII à la tête de l'armée française ; ce jeune héros de 22 ans, arrive en Lombardie, remporte trois victoires en trois mois, et meurt laissant la mémoire du Général le plus impétueux qu'ait vu l'Italie. D'abord il intimide ou gagne les suisses, et les fait rentrer dans leurs montagnes ; il sauve Bologne assiégée, et s'y jette avec son armée à la faveur de la neige et de l'ouragan, (le 7 février), le 18 il était dans Brescia, reprise par les Vénitiens, le 19, il l'avait forçé, le 11 avril, il périssait vainqueur à Ravenne (1512). Des lors rien ne réussit plus à Louis XII. Les Médicis furent rétablis à Florence : Maximilien Sforza appuyé des forces de l'Empereur Maximilien, son cousin, et escorté d'une armée suisse sous les ordres du Cardinal de Sion entra solennellement dans Milan le 29 décembre 1512.

Le Pape Jules II qui avait été le principal monteur des évènemens de son temps étant mort le 21 février 1513; la politique de l'Europe changea de face, et la France se dispose à faire une nouvelle invasion dans l'Italie, qui gémissait alors sous le joug humiliant et tyrannique du Cardinal de Sion. Ainsi pendant que l'Europe croit la France abattue, elle se réveille sous François I qui vient de succèder à Louis XII (1.er Janvier 1515).

Les suisses sous les ordres de Prosper Colonna pensant garder tous les passages des alpes apprennent avec étonnement que l'armée française guidée par Jean Jaques Trivulzi, sous les ordres de François I a débouché par la vallée de l'Argentière. L'armée française rencontre bientôt les suisses dans les plaines de Marignan, et le 14 septembre 1515 a lieu cette sanglante bataille qui ouvrit aux Français les portes de Milan et mit fin au règne de Maximilien Sforza dont la durée ne fut que de trois ans.

Ce prince faible, fait pour être gouverné, qui renonça sans peine au rang au quel il n'était point propre, mourut à Paris le 10 Juin 1530.

Cependant l'implacable Cardinal de Sion qui avait conduit à la cour de l'Empereur Maximilien le Duc de Bari François Sforza, mettait tout en oeuvre pour chasser les français de la Lombardie. L'an 1516 l'Empereur ayant fait une descente en Italie s'avança jusqu'aux portes de Milan, mais les français incendièrent les bourgs, et le Duc de Bourbon prit si bien ses mesures, que l'Empereur fut contraint de se retirer. La générosité et les soıns habiles du gouvernement du Duc de Bourbon promettaient un riant avenir à Milan, et son administration toute paternelle semblait déjà faire oublier aux Milanais leurs calamités passées; lorsque le Connétable ayant été rappelé par une intrigue de cour, le Maréchal Lautrec fut élu gouverneur de Milan (1517). Ce changement fut terrible pour les Milanais. Le nouveau gouverneur signala son avènement au pouvoir par une basse jalousie contre le Maréchal Trivulzi qu'il perdit dans l'esprit du Roi. Une grande ambition, stimulée par un courage héroïque, avait fait la fortune de Trivulzi: l'intrigue et la jalousie furent sa ruine.

Dans le vestibule de l'église de S. Nazare à Milan se trouve un monument érigé à sa mémoire avec cette inscription curieuse:

Qui nunquam quievit hic
Quïescit. Tace

Le gouvernement du maréchal Lautrec dont la rigueur était si en opposition avec la clémence de son maître, finit par soulever tellement la haine et le désespoir des Milanais, que les habitans les plus notables s'éxilèrent volontairement pour aller faire cause commune avec les ennemis de la domination française. Et tandis que le Maréchal Lautrec se morfondait en usant de represailles et en dressant des gibets; les confedères devinrent si puissans qu'ils s'emparèrent de Milan (19 Novembre 1521)

Le Duc de Bari frère du Duc Maximilien et fils du Duc Lodovic Marie fut proclamé Sforza François II, et Jérome Moron fut nomé gouverneur. Il ne resta aux français que le château de Milan et celui de Crémone. Come, Lodi, Pavie, Alexandrie, Plaisance et Parme tombèrent au pouvoir de la ligue. La bataille de la Bicoque que livra Lautrec le 27 Avril 1522 fut la déroute complette de son armée. Elle occupa encore Lodi, mais le 3 Mai elle en fut chassée. Elle perdit Pizzighettone, et le 23 Juin Gènes fut aussi enlevée à la France.

Sur ces entrefaites François I préparait une puissante armée qui fut confiée à l'amiral Bonivet, créature de la Reine mère, Louise de Savoie, et au mois de Septembre 1523, l'armée française vient assièger Milan. Mais les Milanais animés par l'exemple et le courage de leur héroïque chef, se défendèrent très courageusement, et la mauvaise saison qui fut très précoce cette année contraignit bientôt l'armée française à lever le siège pour se retirer à Rosate et à Abbiategrasse (14 Octobre). Pendant ce temps là un ennemi intérieur mettait la France dans le plus grand danger.

François I avait fait un passe droit au Connétable de Bourbon, l'un de ceux qui avait le plus contribué à la victoire de Marignan. La Reine mère qui avait voulu se marier au Connétable de Bourbon, et qui en avait éprouvé un refus, voulut par une basse vengeance le ruiner ne pouvant l'épouser; elle lui disputa sa riche succession, et obtint de son fils que ses biens seraient mis en sequestre. Bourbon désespéré prit la résolution de passer à l'étranger (1523). L'armée française qui avait ses quartiers à Abbiategrasse fut attaquée par une troupe d'élite milanaise sous les ordres du Duc François II qui prit la place d'assaut (Avril 1524). L'amiral Bonivet fut bientôt contraint de repasser les alpes; et le Connétable de Bourbon put jouir en paix des malheurs de sa patrie en voyant ses compatriotes fuir devant lui. Mais il dut rougir en entendant le chevalier Bayard frappé d'une coup mortel; lui reprocher d'avoir trahi sa patrie et son serment!! Ce fut dans cette déroute que la chevalerie française reçut son coup mortel dans la personne de l'illustre Bayard.

Pendant que les français sont chassés de l'Italie François I se prépare à une nouvelle invasion; et tandis que la peste sévit à Milan et y fait des ravages épouvantables; les français marchent sur cette ville. A l'approche de François I le Duc da Milan se retire à Crémone après avoir laissé dans Pavie l'élite de ses troupes sous les ordres du célèbre général espagnol Antoine De-Leyva.

L'esprit chevaleresque de François I n'admet aucun obstacle. Après avoir franchi les alpes dans le mois d'Octobre de 1524, il envahit les Milanais et vient s'acharner au siège de Pavie. Il ne donne point le temps aux Impériaux mal payés de se disperser d'eux mêmes, et s'affaiblit en détachant douze-mille hommes vers le royaume de Naples. Sa supériorité était dans l'artillerie ; il voulut décider la victoire par la gendarmerie, comme à Marignan se précipita devant son artillerie et la rendit inutile. Les suisses s'enfuirent ; les Landskncehts furent écrasés, avec la Rose Blanche leur colonel. Alors tout le poids de la bataille tomba sur le Roi et sa gendarmerie. Les vieux héros des guerres d' Italie; la Palisse et la Trémoville furent renversés.

Le Roi de Navarre, Montmorency, l'aventureux, une foule d'autres furent faits prisonniers. François I se défendait à pied, son cheval avait été tué sous lui: son armure, que l'on voit encore à Paris au musée du Louvre, était toute bosselée de coups de feu et de coups de pique heureusement un des Gentils hommes français qui avaient suivi Bourbon l'aperçut et le sauva, mais il ne voulut point se rendre à un traitre, et il fit appeler le vice Roi de Naples qui reçut son épée à genoux. Il écrivit le soir ces seuls mots à sa mère : Madame, tout est perdu fort l'honneur(1525).

Charles-Quint après avoir fait subir une année de captivité à François I se décida à le relacher après lui avoir fait signer un traité honteux par lequel le roi de France renonçait à ses prétentions sur l'Italie, cédoit la Bourgogne, et donnoit ses fils en otage (1526). Cependant Henri VIII alarmé de la victoire de Charles-Quint, s'était allié à la France. Le Pape, Venise, Florence, Gènes, le Duc de Milan qui depuis la bataille de Pavie, se trouvaient à la merci des armées impériales, ne voyaient plus dans les Français que des libèrateurs. Pendant que l'Europe s'attendait à une guerre terrible, l'Italie restait en proie à une guerre hideuse qui deshonorait l'humanité. C'était moins une guerre qu'un long snpplice infligé par une soldatesque féroce à un peuple desarmé. Les troupes mal payées de Charles-Quint n'étaient point à lui, n'étaient à personne elles commandaient à leurs généraux. Dix mois entiers Milan fut abandonnée à la froide barbarbarie des Espagnols. Dès qu'on sut en Allemagne que l'Italie était ainsi livrée au pallage, treize ou quatorze-mille Allemands passèrent les alpes sous les ordres de Georges Frondsberg Catherein furieux qui portait à son cou une chaine d'or destinée, disait-il à étrangler le Pape. Le connétable de Bourbon, et le général De Leyva conduisaient, ou plutôt suivaient cette armée de brigands. Elle se grossissait sur la route d'une foule d'Italiens qui imitait les vices des barbares, ne pouvant imiter leur valeur. Le 6 mai (1527) Bourbon donna l'assaut de Rome et périt dans une si odieuse entreprise. Mais ses soldats ne le vangèrent que trop. Sept à huit-mille Romains furent massacrés le premier jour; rien ne fut épargné, ni les convents, ni les églises, ni Saint-Pierre même: les places étaient jonchées de reliques, d'ornements d'autels, que les Allemands jetaient, après en avoir arraché l'or et l'argent. Les Espagnols, plus avides et plus cruels encore, renouvelèrent tous les jours pendant près d'une année le plus affreux abus de la victoire; on n'entendait que le cris des malheureux qu'ils fesaient périr dans les tortures pour leur faire avouer où ils avaient caché leur argent. Ils les liaient dans leur maison, afin de les retrouver quand ils voulaient recommencer leurs supplices. François I crut le moment favorable pour faire entrer en Italie les troupes qui quelques mois plutôt auraient sauvé Rome et Milan. L'autre marchait sur Naples pendant que les Généreux Impèriaux négociaient avec leurs soldats pour les faire sortir de Rome; mais on les laissa manquer d'argent comme dans les premières guerres. La peste consuma son armée. François I eut l'imprudence de mécontenter le Génois Doria, le premier marin de l'époque, qui fut irrité de ce qu'on ne respectait pas les privilèges de Gènes, et qui passa à l'Empereur. Charles-Quint offrit à Doria de le reconnaitre pour prince de Gènes, mais il aima mieux être le premier citoyen d'une ville libre. François I épuisé ne songeait plus qu'à s'arranger aux dépens de ses alliés. Il voulait retirer ses enfans et garder la Bourgogne. Il signa le traité de Cambrai par lequel il abandonnait ses partisans à la vengeance de Charles-Quint (1528) cet odieux traité bonnit pour toujours les Français de l'Italie.

Le 22 février (1530) Charles-Quint reçoit solennellement à Bologne la couronne de fer de Monza et se fait couronner Roi d'Italie. Deux jours après Clément VII lui met sur la tête la couronne Impèriale. L'an 1534 le Pape Paul III succède à Clément VII. L'année suivante Francois II Sforza étant mort sans postérité, la succession est léguée par Charles-Quint à Philippe II Roi d'Espagne, Prince d' Espagne, Archiduc d'Autriche et Duc de Bourgogne. L'an 1564 après avoir été confirmé par Ferdinand I elle passe successivement en apanage aux descendans de Philippe.

Si l'on jete un coup d'oeil Sur le règne des Sforza l'on n'y trouve guère qu'un mélange sombre de phases, et de malheurs. Francois II mort à l'âge de 43 ans n'est célèbre que par son infortune. A l'âge de 8 ans il assista à la ruine de la cour de son père, et eut la douleur de le voir prisonnier; il fut lui même forcé de s'éxiler de sa patrie et de chercher un asile en Allemagne, et ne rentra dans sa patrie qu'après 12 ans d'éxil, que pour passer 3 ans sous le dispotisme d' un frère. Chassé de nouveau de sa patrie, il subit pendant 7 ans les rigueurs d'un second éxil qui ne finit qu'à l'âge de trente ans, époque à la quelle il prit le titre de Duc. Titre qui devait lui rendre bien amères ses propres disgraces et celles de ses sujets, aux quelles la faiblesse et le manque d'argent lui otaient les moyens de remédier. La mort de ce malheureux prince mit fin à la grandeur de cette maison Sforza qui dans le période de 85 ans eut son principe et sa fin. De cette famille naquirent une Impératrice et deux Reines. La première fut Blanche Marie, épouse de Maximilien Empereur, fille du Duc Galeazzo Marie. Un autre Hippolite Marie Sforza fille du Duc Francois et femme d'Alphonse roi de Naples; la troisième fut Bona Sforza fille du Duc Jean Galeazzo qui épousa Sigismond roi de Pologne. Six Ducs Sforza gouvernèrent l'Etat de Milan, le premier et le dernier moururent en paix sur le trône, les autres périrent misèrablement, ou égorgés ou empoisonnés par suite de complots, ou menés prisonniers en France. Lorsqu'on songe aussi que sur les 12 Visconti qui règnèrent antérieurement à Milan 8 eurent une fin tragique; l'on n'est pas tenté d'envier le sort des Ducs de Milan.

Le seizième siècle, après le règne des Sforza est peu fécond en évènemens pour la Lombardie, mais il se distingue généralement de ceux du moyen âge par la puissance de l'opinion, c'est alors qu'elle devient véritablement la reine du monde, et qu' elle prépare une ère nouvelle aux siècles futurs. Calvin opère la réforme (1535). Ignace de Loyola fonde l'ordre des Jésuites (1534-40).Les Vandois sont massacrés(1545). Massacre de la Saint Barthélemi (1572). Henri III est assassiné par J. Clément (1589) L'an 1610 Henri IV succombe sous le poignard de Ravaillac après être échappé à 17 tentatives d'assassinat. L'an 1565 le Cardinal archevêque Charles Borromée entre à Milan pour l'y signaler par ses vertus épiscopales; et y figurer comme la synthèse de tous les saints Evêques que Dieu à donné à son Eglise dans les siècles qui l'ont précédé.

L'an 1598 Philippe II Roi d'Espagne et Duc de Milan meurt. Philippe III son fils lui succède, L'an 1621 Philippe III Roi d'Espagne, Duc de Milan meurt. Philippe IV son fils lui succède. Bonaventure Calieri Milanais de l'ordre des Jésuites publie sa géométrie des indivisibles, ouvrage qui forme époque dans l'histoire des sciences (1635) L'an 1648 est l' époque de Masaniello. L'ans 1649 le parlement Anglais coupe le tête de son Roi. En même temps deux Etats secondaires s'élèvent, et deviennent désormais indispensables à l' équilibre Européen. La Prusse contrebalance l' Autriche. Le Royaume de Savoie-Piémont gardera les Alpes et les fermera contre la France et sera français contre l'Italie.

L'an 1665 Philippe IV meurt, Charles II son fils lui succède. L'an 1674 le prince d'Orange lutte contre Louis XIV; et l'illustre Guillaume par son génie, son héroïsme et son courage imdomptable finit par mettre toute l'Europe contre la France et beintôt le trône de Jaques II est renversé. L'an 1681 la France a 230 vaisseaux de guerre et une armée de 450 mille hommes. L'an 1692 la marine française essuye son premier échec à la Hogue. Charles II Roi d'Espagne et Duc de Milan meurt sans enfans mâles (1700). Sa mort occasione la guerre de succession à la Monarchie Espagnole. Les francais envahissent la Lombardie et occupent Milan. L'an 1706 Joseph I Empereur d'Allemagne bat les Français sous Turin avec l'arméecommandée par le Prince Eugène de Savoie, et conquit le Milanais. Il meurt. Charles VI son frère et Empereur des Romains lui succède (1711) Il est confirmé dans la possession du Duché de Milan par le traité de Bade (1714).

L'àrmée Gallo-Sarde occupe Milan (1733) Charles VI Empereur recouvre l'Etat de Milan par la paix de Vienne (1736) il meurt. Marie-Thérèse sa fille unique lui succède (1740). L'an 1743 l'intrigant Albéroni entreprend de relever le vieux principe par toute l'Europe. La France l'Angleterre, la

Hollande et l'Empereur unis contre Alberoni, forment la quadruble alliance. Mais beintôt l'Angleterre et la Hollande, jalouses de la France font que l'armée française est rejetée en deça du Rhin. L'an 1745 les troupes Espagnoles entrent dans Milan après en avoir chassé les Autrichiens. L'année Suivante, Marie Thérèse fait son époux Empereur François I et reprend possession de l'Etat de Milan (1746). Elle y publie la loi du nouveau cens (1759) L'an (1756) les Anglais pour déclaration de guerre confisquent aux français trois cents navires. L'an (1764) César Beccaria publie son livre intitulé des délits et des châtimens ouvrage accueilli et célèbré avec enthousiasme dans toute l'Europe. L'an (1773). Marie Thérèse ordonne l'éxécution du canal de Paderno dont la jonction rend ravigable le fleuve Adda jus qu' au canal de la Martesane. Elle meurt. Joseph II son fils lui succède (1780.)

Il abolit le Sénat de Milan et réforme le Système judiciaire. Par là il supprime le serment d'obligation de ne plus rebâtir Castel-Seprio, qui se prêtait jusqu'à ce jour suivant le mode prescrit par Otton Visconti (1786). Il meurt après avoir fait beaucoup de choses utiles à l'Etat de Milan (1790). Léopolde II Empereur lui succède. Il meurt (1792): Les français sous la conduite du général Napoléon Bonaparte descendent en Italie et s'emparent de Milan (1796). Création de la

République Cesalpine (1800) Les Comices de Lyon changent la République Cesalpine en République Italienne dont Napoléon est nommé président (1802). Création du Royaume d'Italie (1805). Milan continue à être le siège du gouvernement, Napoléon Empereur des Français est couronné Roi d'Italie dans le Dôme de Milan. Il ordonne l'achèvement de la façade et de toute la fabrique du Dôme, ainsi que l'éxcavation du canal de Pavie à Milan. Son abdication (1814) Tumulte séditieux le 20 avril dans Milan. Assassinat du Comte Prina Ministre des finances du Royaume d'Italie; à la suite duquel François I. Empereur et Roi devient maître de l'état de Milan. Création du Royaume Lombard-Vénitien divisé en deux gouvernemens, l'un dont le siège est à Milan, l'autre à Venise (1815). François I reçoit par l'entremise de son frère Jean le jurement de fidélité; et fait ensuite son entrée triomphante le 31 décembre de la même année.

D'après cet apperçu historique, on comprend aisément pourquoi la Lombardie reste immuable dans ses principes, et l'on ne s'étonne plus si toutes les utopies politiques se dissipent en face de ton bon sens et de son expèrience, comme les nuées aux rayons du soleil. Depuis 1814, malgré toutes les révolutions qui ont agité l'Europe; la Lombardie n'a cessé ed jouir en paix de la tranquillité et du bonheur sous le sceptre de l'Autriche. Et en dépit de toutes les insinuations dont on est si prodigue contre ce gouvernement qu'on appelle despotique, la Lombardie fleurit sous l'autorité équitable du gouvernement Autrichien. Aussi qu'on ne s'avise pas de parler de politique à la classe éclairée de Milan! Elle vous répondrait comme l'illustre Pope : « que les sots se disputent sur les formes du gouvernement, le meilleur est le mieux administré! »

Au reproche qu'on ne cesse de faire à l'Autriche d'être stationnaire ou trop lentement progressive, le Lombard instruit qui ne se laisse pas abuser par des paroles vaines et chimériques, vous fera observer que le gouvernement Autrichien n'abandonne le soin de juger sa conduite qu'à l'histoire; attendu que son instinct toujours aussi positif qu'éclairé ne lui laisse jamais aventurer la tranquillité, et le bonheur de ses sujets. Et en face d'une analyse sévère de l'histoire locale, le Lombard, homme de jugement et de réflection vous dira avec raison que si l'antiquité vante Solon qui fonda un gouvernement populaire mais turbulent, si l'on admire l'administration grossière de Licurgue et celle toute soldatesque et conquèrante de Romulus, la société moderne ne peut se refuser de rendre égale justice au cabinet Autrichien, qui peut être avec raison considéré comme le type de parfaite stabilité de principe, en même temps que de justice et de modération pour les états que le sort a placé sous sa dépendance. Le Lombard sait dailleurs par sa propre expérience que trop souvent la politique n'est qu'une simple utopie, tandis que l'administration est toujours une réalité. En effet la politique parle assez d'habitude aux yeux, et enchante les hommes superficiels. L'admninistration au contraire, modeste, mais solide, travaille sans bruit, quelques fois même dans l'ombre, et ne procède que d'après des résultats positifs, abonde toujours de dispositions généreuses et utiles, et ne s'occupe uniquement que de la prospérité des peuples sans gloriole et sans ostentation. Quel abus n'as-t-on pas fait de ces paroles: *Monarchie, Légitimité, Absolutisme, Républicanisme, Réforme, Conservatisme, Libéralisme, Radicalisme* etc.? Une seule de ces paroles a-t-elle conservée dans la lutte volcanique des partis sa valeur originaire? Le légitimisme, n'est-t-il pas a la légitimité ce que le libéralisme est à la liberté? tous deux violèrent leur principe. Ainsi l'un éxagèra un principe de stabilité, et l'autre un principe de mouvement. D'ailleurs l'absolutisme dans sa dernière conséquence, et la démagogie dans son entier développement sont deux puissances parfaitement égales, également dangereuses; immédiatement après elle vient l'anarchie. La raison publique à déjà fait justice de ces deux systèmes usés qui sont devenus incompatibles au progrès moderne. Notre siècle redoute autant la démagogie effrenée, que cette légitimité Machiavèlique qui n'est plus désormais qu'un système égoïste, mêlé de dépit de perfidie; qui tend à faire le plus que possible de mal pour anéantir par l'anarchie tout ce qui est établi, et en faire ensuite le profit de l'aristocratie et qui pour couvrir son infâme machiavelisme n'a pas honte d'invoquer sans cesse le nom de Dieu et des saints!! Mais jen rends graces à notre siècle, nous ne sommes plus dans ces temps affreux ou un Richelieu, ce Machiavel en action expliquait ainsi sa logique et son système infernal, en disant; *je n'ose rcin entreprendre sans y avoir bien pensé; mais quand une fois j'ai pris ma résolution, je vais droit á mon but, je renverse tout, je fauche tout, et ensuite je couvre tout de ma robe rouge*. Ce fut cette doctrine atroce qui inspira nos terroristes de 93 et qui fit couler tant de sang! notre siècle l'a tellement maudit que l'héroïsme de nos 14 armées républicaines ne poura jamais effacer la barbarie de la Convention!!!

Les Lombards ont généralement un esprit positif et ils ne s'occupent guère que de ce qui peut enrichir leur sol. On leur reproche de ne point aimer les étrangers, d'être lents, méfiants, et d'avoir plus de circonspection que d'élan. Sans entreprendre de les justifier, je dirai, d'après l'étude de leur histoire, qu'il leur à fallu en effet beaucoup de politique, de génie et de patience pour éviter d'être anéantis par ces barbares qu'ils ne purent vaincre sur les champs de bataille, mais qi'ils surent élever à la civilisation. Lorsqu'on songe que la Lombardie à traversé tant de phases, qu'elle a été si souvent envahie, et toujours convoitie, l'on ne doit pas s'étonner que le Lombard éclairé; redoute le changement, se défie de toute innovation, et soit en quelque sorte forcé d'avoir l'esprit impregné de méfiance et de politique. Il est bien rare que le Lombard s'expose au reproche de versatilité; mais il manque d'énergie et se laisse facilement dominer par cet esprit municipal qui semble être inhérent au caractère Italien, et qui enfante sans-cesse tant de rivalités locales mesquines et tracassières!! Le Lombard est tellement enclin à la quiètude et aux commodités, de la vie; qu'il sembre par fois plongé dans l'apathie. Il est méthodique, et présente par son aspect grâve et sevère ces sombres nnances de type Espagnol dont la longue domination a laissé des traces si profondes en Lombardie! Le Lombard est, sans esprit de nationnalité, mais il est néanmoins fortement attaché à son pays. Il ne parle la langue Italienne que par nécessité. Son langage favori est l'idiome Milanais. Chaque ville, chaque village et même chaque hameau a en Lombardie son idiome particulier qui se rapproche plus ou moins du dialecte milanais. Chaque idiome Lombard a un sens correct et précis ; abonde de termes origineaux et concis, et se distingue toujours par le net et la simplicité de son mécanisme. Avec l'idiome milanais le jeune élève est maître en un moment. Le Lombard est très précoce, et sort rapidement de l'Etat d'enfance, brise facilément ses liens et entre vite dans la société. Bien jeune encore, il à déjà tout le temps voulu pour la réflution. Ses idées sont nettes, son esprit est pénétrant et positif. Il est facheux qui ses gouts et ses habitudes le portent à avoir un maintien roide, un langage austère et des manières peu prévenantes. Le Lombard est peu versé dans les manufactures; et dans le commerce, son instinet embrasse de préférence une sphère étroite ; pourvu qu' elle lui présente immediatement de l'utilité. Il lui faut une jouissance facile et du bein être sans labeur, car il n'entreprend d'ordinaire que le travail qui lui est agréable et facile. L'esprit d'association qui fait la gloire des nations civilisées ne le tente point, car il redoute toujours de s'avanturer dans le goufre des spéculations hasardeuses. C'est pour cela qu'il concentre son commerce et son industrie dans les produits agricoles. Le Lombard possède à merveille l'art de saisir le vrai; il a ce sentiment inné du beau qu'il croit incompatible avec les fatigues et les sueurs; et il n'est heureux que lors qu'il peut développer à son aise son intelligence dans la carrière des arts. Le caractère Lombard diffère essentiellement de celui des autres peuples d'Italie; et il serait illogique d'établir quelque point de comparaison entre la Lombardie et les mœurs des autres nations civilisées; car la Lombardie ne peut être considérée sous le point de vue polique que comme un domaine ou un apanage de l'Autriche. La Lombardie est une terre bien antique en civilisation et en progrès. Depuis plus de cinq siècles elle possède des canaux de navigation; et depuis plus de trois ans elle a en activité son système d'irrigation qui contribue si puissament à la fécondité de son sol Il est vrai qu'elle semble aujourd'hui stationnaire, et qu'elle se présente même sous un aspect rétrograde, si l'on la compare aux nations modernes qui sont aujourd'hui à la tête du progrès; car la Lombardie ne peut être vanté que comme type encien, en égard au dégré de perfectibilité ou elle est de bonne heure arrivée. Dailleurs les peuples, comme les pays ont leurs qualités spéciales. La Prusse, par exemple, est une nation industrielle et guerrière. L'Autriche est une puissance toute politique et Militaire. La nation française est une nation progressive, enthousiaste, vigoureuse et belliqueuse. C'est une nation qui se dissout et se refait vite; avec la qu'elle il ne faut jamais trop espérer ni désespérer qui se groupe aussi aisément qu'elle s' éparpille, qui passe par toutes les transformations sans perdre sa capacité d'organisme rapide, qui fait au besoin, aussi bien mûrir l'action que guider le choc du mouvement; et qui peut par héroïsme, comme par esprit chevaleresque faire improntu sa vie sa mort. Envain vous la croyez mutilée par cent combats, énervée par un lâche gouvernement, corrompue par de fatales doctrines: Vienne l'heure providentielle de son reveil! vienne le gènie qui doit la relever de son abaissement! et qu'il porte en main le glaive ou le rameau d'olivier, qu'il l'appelle à toutes les conquêtes de l'intelligence ou a tous les hasards des batailles, elle le suivra aussitôt, et pourvu qu'il agite à ses yeux le drapeau de la gloire vous la verrez beintôt marcher à la tête des nations. La nation Anglaise aucontraire, n'est ni heroïque ni belliqueuse: elle est égoïste et marchande. L'amour de la gloire ne la tente pas; elle n'est accessible qu'aux inspirations de l'intêret. Ses susceptibilités ne l'emportent jamais sur ses calculs.

Le Lombard a peu d'analogie avec les autress peuples d'Europe. Mais si par ses mœurs et sa position politique, il ne peut marcher l'égal, avec les nations les plus progressives, il mérite sans contredit un rang élevé, et se distingue eminemment des autres par son esprit de réalité. En France et en Angleterre, on encense la nouvauté, tout ce qui sent l'innovation trouve aussitôt ses enthousiastes et ses proneurs, une idée neuve fait sur le champ la fortune de celui qui la conçue. En Lombardie on aime au contraire. S'appuyer de préference sur les choses déjà éprouvées, et il suffirait à l'étranger, par exemple de eter un coup d'œil sur les enseignes de la plupart des établissemens de commerce pour comprendre cette tournure des moeurs locales. *Antico Albergo — Antico Negozio.*

Sont en Lombardie des désignations bien plus faites pour achalander une maison que toutes les séductions novatrices d' un établissement créé d'hier. Au fonds cette tendance n'est point progressive, mais on est sur avec de telles mœurs qu'un pays conserve long-temps son empreinte primitive, tandis que celle de bien d' autres peuples s'éffface au contact sans-cesse renaissant de mille tentatives plus ou moins progressives dont la plupart aboutissent à l'avortement. Si les mœurs des Lombards ont peu d'analogie avec celles des autres nations; celles des Dames Milanaises offrent assez de rapprochemens avec nos mœurs françaises. Elles ont d'abord un gout exquis dans le choix des objets de toilette et une très grande douceur dans leurs relations sociales. Les Dames Milanaises se font remarquer par les belles proportions de leur corps, de beaux yeux, une chevelure généralement noire et abondante et une carnation légèrement colorée.

Leur accueil offre sans-cesse, ce doux et noble sourire que Léonard de Vinci à fixé sur ses toiles. Elles ont un noble buste antique et leurs bras semblent ceux qui manquent à la venus de Florence? Elles sont peut être généralement moins espiègles que nos françaises; mais elles ne leur cèdent point dans l'art et le secret de plaire.

La Lombardie est supérieure à toutes les autres contrées de l'Italie dans son développement économique et littéraire; et elle cultive avec tant de succès les belles lettres les sciences et les arts; qu'elle mérite à juste titre d'être nommée le Paris et l'Athènes de l'Italie. Venise, Naples, Rome et Florence comptent plus de fastes belliqueuse que Milan, mais la gloire de Milan est plus solide, puisqu'elle embrasse la sphère du progrès économique et qu'elle cultive avec succès les sciences et les arts.

La Lombardie enfanta Virgile et les deux Pline. Elle donna à Milan S. Charles Borromée; à Rome un Jurisconsulte célèbre, *Salvio Julien*; et un Empereur, *Didier Julien*. A l'église elle a fourni cinq Papes: Innocent XII, Urbain III Célestin IV Pie IV et Grégoire XIV. Valerie-Massime, François Sforza et Trivulzi-Magne furent d'illustre Capitaines. Dans les temps modernes la Lombardie compte: Monteggia pour l'agriculture, Moscati pour la médecine, Palletta pour l'anatomie, et la chirurgie Pino pour l'histoire naturelle, Jacopi pour l'anatomie comparée, Tamburini pour la théologie et Volta pour la physique. Nani, Alciati et Beccaria sont des célèbres Jurisconsultes. Guide Parini, Porta et Manzoni sont de grands poëtes. Bernardin Luini, les Carravaggi, Bossi et Appiani Giulini, les frères Verre, Cantù et Pompée Litta sont des historiens distingués. L'architecture honore Bramante et Cavalieri : l'astronomie Piazzi et Oriani. Les mathématiques comptent Venini, Cardano et l'Agnesi. Le nom de Donizzetti est connu de l'univers musical ! A tant d'illustres Lombards je pourois accoupler bien d'autres noms antiques et modernes, mais il me suffit d'avoir cité ceux que j'ai cru le plus saillants; et je passe à l'apperçu statistique de la Lombardie.

APPERÇU STATISTIQUE DE LA LOMBARDIE.

La Lombardie bordée des Alpes majestueuses possède 9 lacs dont les 4 principeaux sont le lac de Come, le lac de garde, le lac majeur, et le lac d'Iseo. La surface du lac de Come, Lacus larius, est de 654 pieds au dessus du niveau de la mer; il a 12 à 15 lieues de long sur une lieue de largeur. De toutes parts il est environné de montagnes, dont les plus hautes telles que le *Legnone*. S'élèvent jusqu'à 8077 pieds audessus de sa surface. Le lac de Come si renommé par ses agoni et ses truites, commence a Collico, village assis aux pieds de la Valtelline sur la route militaire du Stelvio et du Splugen. De Collico à Varenne, il a 7 lieues de longueur sur une lieue et demi de largeur. Tout près de Varenne sont cinq galeries qu'on a ardiment taillé dans le marbre et dont une compte 270 pas de longueur. A Bellaggio il se partage en deux branches dont l'une se dirige vers Come parcourant une distance de 7 lieues, et l'autre une longueur de cinq lieues et demi aboutissant à Lecco. Des bateaux à Vapeur et des barques de toutes dimentions parcourent ce lac en tout sens. De leur bord on jouit du Spectacle le plus ravissant que puisse présenter ces côtes magnifiques embellies encore par les plus gracieuses combinaisons de l'art.

Cette alliance des beautés primitives de la nature décorée par la manie opulante des hommes explique qu'elle affection portaient à ces lieux les deux Plines qui firent long-temps leurs délices sur ce sol aussi richement bigarré que varié et pittoresque. Rives tortueuses, Iles, Villes fleurissantes, Villages charmans, jardins superbes, promenades, forêts, allées de citroniers, grottes, roches, cascades, palais somptueux, bosquets anchanteurs, tout présente à l'oeil étonné l'aspect d'une mosaïque ondoyante qui berce l'imagination en récréant l'aspect par le plus délicieux prestige. Les maisons de plaisance Sommariva, d'Este, d'Urio, Venini, Poldi, Trotti, Cornaggia, Balbiano, Pasta, Pliniana etc. etc. offrent chacune d'elles en particulier matière suffisante à une description pittoresque, varié et artistique. La Villa Sommariva se distingue sur toutes les autres par sa collection rare et nombreuse d'objets d'art qui forme une espèce de Musée et excite l'admiration de tous les visiteurs en captivant l'attention des personnes intelligentes par les choses admirables qu'on y rencontre tant en peinture qu'en sculture. Indépendamment de plusieurs ouvrages de Gaudence Ferrari et de Bernardin Luini, on y admire encore une foule de chefs-d'œuvre de l'école flamande, tels que des Teniers, des Wenwermans, des Vandyck, des Rubens etc. L'école moderne y figure également et présente des noms aussi célèbres comme: Appiani, Hayez, Serangeli; Migliara, Bisi, Fidanza etc. Le connoisseur peut y admirer des ouvrages précieux en Sculture entr'autres : un beau groupe représentant Mars et Venus par Acquisti, une Statue représentant Palamede par l'immortel Canova ! ! ! Une série de bas-reliefs représentant l'entrée triomphante d'Alexandre dans Babylone par le célèbre Thorwaldsen. Ce chef-d'œuvre avait été commissioné à l'auteur par Napoléon alors Empereur des français, et serait probablement encore inachevé si le Comte Sommariva n'eut engagé l'artiste à le terminer pour son compte. Ces bas-reliefs ont couté 700,000 francs y compris les frais de transport. Dans la chapelle du palais on voit un beau mausolée avec des figures allégoriques élevé à la mémoire du Compte I. L. Sommariva. Ce monument funéraire fait le plus grand honneur au ciseau de Pompée Marchesi. Enfin les objets sont en si grande quantité dans ce palais, qu'on peut affirmer qu'il n'y a aucun particulier en Europe qui puisse présenter à la curiosité une collection à la fois si riche et si précieuse.

Le lac de Garde qui est situé aux pieds des montagnes du Tyrol, sépare la Lombardie du Venitien. Il a 14 lieues de longueur et varie d'une à quatre lieues dans sa largeur: Un bateau à vapeur en fait le service de Desenzano a Riva ; et le sillonne parfois en tout sens. Au sud-est s'élève l'Ile de Sirmio qui est converte d'un bosquet d'oliviers; et dont le sol est enrichi de débris antiques counus sous le nom de grottes de Catulle. Dans le milieu du lac s'élève une autre Ile qu'on appelle Lecchi depuis que le Général de ce nom y a fait bâtir une fort belle maison, et fait planter un jardin botanique. Sur les côtes riantes de ce lac se présente une foule de villages et de petites villes dont la pluspart possèdent des ports surs et commodes. Le plus considérable est celui de Salò, agréable ville qui renferme 5000 habitans et donne son nom au golfe et à la rivière qu'elle domine. Viennent ensuite ceux de Desenzano, de Riva, de Maderno, Toscolano, de Malcesine, et le port militaire de la forteresse de Peschiera sur le Mincio. C'est de la partie la plus méridionale que s'échappe le Mincio. Le lac de Garde qui est renommé par ses anguilles et l'immense quantité de poissons que ses eaux alimentent est vraiment admirable par ses forêts d'oliviers, par ses jardins de citroniers, et d'arbres fruitiers de toute espèce dont abondent ses côtes. Ce lac délicieux et poëtique a été chanté par Virgile, Catulle, et par plusieurs poëtes modernes.

Le lac majeur, Lacus Verbanus, situé aux pieds des Alpes Rhétiennes appartient en grande partie à la division Sarde, et en petite portion au canton suisse du Tésin. La partie qui s'étend de Testo à Pino appartient à la Lombardie. Ce lac est élevé de 654 pieds audessus du niveau de la mer. Il a 18 lieues de long; sa largeur moyenne est environ d'une lieue; et de Laveno a Baveno elle a plus de deux lieues. Ses bords sont d'autant plus agréables à visiter, qu'ils présentent aux yeux étonnés les contrastes les plus pittoresques. On y voit en effet toutes les horreurs sauvages desAlpes unies aux beautés les plus riantes et les plus agréables que présente l'Italie. C'est un panorama changeant dont la variété est le moindre avantage. Les eaux du lac majeur nourissent une prodigieuse quantité de poissons et surtout d'excellentes truites dont la pêche est très productive. Sur ce lac sont les Iles Borromée ou l'art a somptueusement placé, palais, grottes, jardins, parcs délicieux qui les rendent un séjour d'enchantement et de féeries. Le service des bateaux à Vapeur du lac majeur qui est aussi actif que régulier, fournit aux voyageurs les moyens de porcourir promptement, et le plus agréablement du monde toute l'étendue de ce beau lac, et de communiquer avec ses points les plus intéressants. L'on y remarque des superbes carrières de granit.

Le lac d'Iseo quoique peu considérable par son étendu mérite aussi d'être visité. Il possède une quantité de beaux établissemens qui donnent beaucoup de consistance à son commerce. Ses rives garnies de vignes, de forêts, de bosquets d'oliviers, de muriers et d'arbres frutiers de toute espèce, offrent un aspect aussi riant que varié et romantique. Un bateau à Vapeur en fer qui en fait le service multiplie les agrémens en augmentant l'activité de ce joli lac dont la navigation compte 255 bateaux de la portée complexive de 1440 tonneaux de mille Kmes chaque Savoir: 25 navires de 25 tonneaux, 25 gondoles de 8, et 205 barques de la portée de 3. La Fusa, rivière navigable sort du lac d'Iseo d'ou s'échappe l'Oglio qui va se jeter dans le Pô. Au milieu du lac d'Iseo s'élèvent comme par enchantement 3 Iles. La plus importante, est celle qu'on appelle Mont-Ile, qui a plus d'une lieue et demi de circonférence et qui possède trois Villages et onze cents habitans.

Les vingt mille chemins ordinaires qui croisent en tout sens dans les plaines de la Lombardie sont unis, sablés et entretenus comme des allées de jardin, et bordés de dalles de granit en guise de bornes. Dans les vingt mille embranchemens de ces routes; par intervale chacune de ces dalles porte gravés dans la pierre d'abord le nom, des villages ou aboutissent les routes qui le croisent là, ensuite une flèche dont la pointe est tournée du côté qui conduit à chaque village, enfin la distance ou se trouve le voyageur, du lieu auquel la route. aboutit. Chaque bourg, chaque hameau, et même chaque maison dans la campagne a son nom gravé sur pierre à l'entrée et à la sortie du village, et aux deux façades de la maison isolée, avec indication de la distance et la situation ou se trouve la maison à l'égard de Milan d'abord, et ses lieux voisins ensuite. Les routes de poste sont surtout mervéilleuses en Lombardie; elles sout admirablement ornées de deux côté de bornes cylindriques en granit magnifique. Toute la campagne Lombarde est élégamment cultivée ornée et embellie sur tous les points. Les ponts, les abords des villages, les places communales, les églises les avenues des châteaux, les jardins, tout y est admirable, tout y prouve le progrès et l'aisance de la richesse agricole. La culture du milanais est merveilleuse par l'habile distribution des eaux qui la fertilisent. Froment blé de turquie, ris, raisin, soie, lin, fourrage, frommage, tout y abonde. La Lombardie par, ses vastes forêts de mûriers produit chaque année environ soixante dix millions de francs en soie dont les sept huitième s'exportent. Le produit des granis est de quatre vingt dix millions dont le cinquième est le superflu de la consommation dans les récoltes ordinaires. Le lin fournit 9 millions de francs dont un quart est pour l'exportation. On extrait des minières de fer de la Lombardie pour des valeurs très considérables dont bonne partie sert au besoin du pays; et dont l'exportation s'élève encore a plus de trois millions en produit de fer en ouvrage. La fabrication des frommages s'élève a douze millions dont un quatrième s'exporte ; et indépendamment de cela il se fait en Lombardie une prodigieuse consommation de toute sorte de légumes, de lait et de crême. La panera milanaise est passée en proverbe dans toute l'Italie, c'est une crême épaisse et succulante qui n'a pas sa pareille.

D'après ces détails qui sont puisés à la source la plus authentique, l'on peut avoir une idée de la richesse et de la fertilité de la Lombardie; et l'on comprend que la civilisation et l'industrie agricole de ce beau pays doivent être bien avancées. En effet la Lombardie n'est pas seulement la plus riche contrée de l'Italie, elle en est aussi la plus peuplée; puis qu'elle contient une population de deux millions et demi d'habitans dans une superficie de 21,564 Kilomètres quarrés (2102 lieues). La population Lombarde appartient en grande partie aux villes, dont le nombre s'élève a plus de trente ayant plus de 6000 âmes chaque; sans comprendre dans ce nombre Brescia qui en possède plus de 40,000 et Mantoue et Bergame qui en ont environ trente chaque. Plusieurs de ces villes de province sont riches, belles et agréables; les plus importantes après Milan et les trois déjà citées sont; Crémone, Pavie, Come, Lodi, Crema, Monza et Casal-Majeur. Pavie, si célèbre dans toute l'Europe par son université, a sur son territoire un édifice sans pareil dans le magnifique temple de la chartreuse de Pavie, qui se trouve à la distance de cinq lieues de Milan et de deux lieues de Pavie. Cet édifice est celui qui parmi tant de beaux monumens qui éxistent en Italie, mérite peut être un des plus de fixer l'attention des personnes savantes en égard à la multiplicité des choses admirables qu'on y observe tant en peinture qu'en sculture.

Les allantours de toutes les villes de Lombardie sont assez généralement agréables et pittoresques, (ceux de Milan seuls exceptés); car aux environs de Milan l'on ne trouve que prairies et canaux d'irrigation; et il faut même faire quelques lieues avant qu'on puisse jouir des beautés de la campagne. Mais il n'y a rien de plus charmant en Lombardie que la Brianza. Elle forme environ 12 lieues de circonférence, et offre partout l'aspect le plus pittoresque et le plus varié. L'étranger qui la visite pour la première fois est enchanté d'y voir des palais, des parcs, des bosquets et des lacs placés merveilleusement sur des milliers de collines; dont les communications sont admirablement servies par des nombreuses routes très bien entretenues. La Brianze est un superbe anneau qui brille dans les doigts de la Lombardie.

Quant aux chemins de fer, c'est Naples qui est la première Ville d'Italie à la qu'elle revient l'honneur de l'initiative. Aujourd' hui la plupart des états d'Italie, à l'éxception de ceux du Pape se livrent activement à la constrution des voies de fer et après bien des hésitations de vastes travaux ne seront plus désormais entravés par de honteux monopoles ou par des mesquines rivalités locales!

Le chemin de fer de Livourne à Pise et Pontedera qui est à l'exploitation depuis l'année 1844 poura bientôt communiquer jusqu'à Florence et Sienne. Bientôt la Toscane sera toute Sillonnée par des embranchemens. On a déjà procédé, avec l'autorisation du gouvernement, à l'étude de trois voies nouvelles: l'une de Pistoie à la frontière de Lucques par la vallée de Nievole; l'autre de Livourne à la frontière des Etats de l'Eglise, en traversant les maremmes Toscanes et en passant par Grosseto; la troisième enfin de Pistoie aux confins de la province de Bologne en suivant la vallée d'Ombrone et celle du Reno. Dans la principauté de Lucques, une Compagnie Lucquoise est a l'oeuvre depuis long-temps et ses travaux ont atteint la frontière Toscane.

Il est facile de prévoir d'après ces résultats que si le Pape persiste à rester stationnaire en présence de l'activité de la Toscane; il lui sera désormais impossible de bien garder les limites de ses Etats; car ses provinces limitroses auront trop d'intérêt a s'identifier à la Toscane. Mais comme mais lignes n'ont point un but politique, je m'abstiens de tout commantaire.

Dans le royaume des deux Siciles, le chemin de Naples à Castellamare et Nocera offre les plus heureux résultats à l'exploitation. Et celui de Naples à Caserta et Capoue multiplie sans cesse le nombre de ses passagers.

Depuis l'année dernière le roi de Piémont a ordonné la constrution d'un chemin de fer de Gènes à Turin, passant par Novi, Alexandrie et la vallée du Tanaro, avec embranchement vers la Lomellina, Novare et le lac Majeur, en franchissant le Pò à Valence.

Dans le royaume Lombardo-Vénitien les travaux qui doivent unir Milan à Venise se poussent avec activité grâce à la tutelle du Gouvernement autrichien cette œuvre grandiose ne sera plus désormais entravée par de honteux monopoles et par des mesquines rivalités des Villes intéressées à être comprises dans les lignes de passage. Deux sections, celle de Milan à Monza, et celle de Venise à Padoue sont en exploitation depuis plusieurs années et voient s'accroître chaque jour le chiffre de leurs transports. Bientôt d'un côté Brescia communiquera jusqu'à Milan et de l'autre Vicence jusqu'à Venise. Le chemin de fer de Ferdinand aura son centre à Verone cette belle et grande Ville déjà si peuplée et si fleurissante aura sa grande part d'avantage dans ce railway le plus important de toute l'Italie cette Ville qui est un berceau de l'Adige possède de superbes établissemens; elle est le siège du tribunal suprème de justice et la résidence du commandement militaire du Royaume Lombardo-Vénitien. L'on y admire son superbe amphithéâtre Romain qui est très bien conservé.

De toutes les voies de fer, celle qui doit unir Venise à Milan, est sans contredit la plus importante de l'Italie; l'œuvre la plus merveilleuse est sans doute le pont sur la lagune. Ce travail gigantesque vient d'être achevé et Venise se trouve unie à la terre comme par enchantement!

Venise qui est la seconde capitale du royaume Lombardo-Venitien a environ 110,000 âmes. Elle est située au milieu des lagunes qui portent son nom, au fond du golfe Adriatique et à deux lieues du continent. Son immense pont qui l'unit au continent par un chemin de fer qui doit bientôt communiquer jusqu'à Milan lui assure désormais un avenir riche et florissant. Sannazzaro en comparant Rome à Venise a eu raison de dire que si la première est l'ouvrage des hommes, la seconde doit être attribuée aux Dieux. En effet elle semble sortir du sein des eaux et là où, jadis l'on ne voyait que quelques roseaux épars ça et là dans les marais fangeux, s'élèvent aujourd'hui des temples magnifiques, des palais superbes, des coupoles, des colonnes, des arcs et des tours. Elle est divisée en 120 petites iles séparées par une infinité de canaux et unies entre elles par 408 ponts. Les rues sont des canaux, les chariots des barques, les voitures des gondoles. La place S. Marc, la magnificence de ses arcades et cette merveille de la basilique de S. Marc avec ses 4 chevaux de bronze que l'on remarque audessus de la porte principale suffisent pour donner une idée de ce qu'a été la puissance Vénitienne. Mais son arsenal, ses palais, ses églises, ses peintures et la prodigieuse quantité de ses sculptures sont des monumens impérissables de sa gloire qui semble revivre encore dans l'imagination lorsqu'elle contemple en extase tant de chefs d'œuvre! Tant de grandes choses rappèlent ces temps glorieux où le drapeau de S. Marc flottait au Capo d'Istria et aux Dardanelles!

Venise et Gènes ont fourni les plus grands marins de l'époque. Gènes s'ennorgueillit de Cristophe Colomb et de Doria; mais Venise compte à la suite de son mémorable Dandolo: Cadamosto, Gabotta, Zeno, Quirini, Verozzini et va glorieuse d'avoir donné le jour à Goldoni, Sagredo, Giustiniani, Tintorello, Corona, Schiaroni, Hayez etc. L'on se sent épris d'un intérêt nouveau, lorsqu'on songe que cette merveilleuse cité dont la domination a duré plus que celle de Rome était sur le point de périr de misère dans le siècle où nous sommes! Aussi gloire soit rendue au gouvernement Autrichien, d'avoir tout fait pour la réhabiliter!

Les Vénitiens sont généralement pleins de politesse et de cordialité ! on leur reproche néanmoins d'être trop expansifs en paroles. Mais ce reproche est mal placé à l'égard du beau sexe venitien si remarquable par sa grâce et son amabilité !

Il serait difficile d'apprécier au juste l'immense influence et la prospérité que va donner a Venise sa prochaine jonction avec Milan par son chemin de fer lorsqu'on poura compléter toutes les petites lignes intermédiaires de façon à ce que l'Adriatique et la Méditerranée soient unies ensemble, en passant par toutes les grandes villes de l'état. Et de son côté Milan cette grande et riche cité qui s'embellit merveilleusement chaque jour ne peut manquer d'avoir sa grande part de prospérité à tant de projets qui sont en bon train d'éxécution. Cette ville déjà si florissante, touchant une fois les montagnes de la Suisse par le lac de Come, et communiquant jusqu'au Splugen, et ayant un bras dans chacune des mers commerciales qui peuvent le mieux contribuer à sa prospérité, ne peut manquer de devenir le centre d'une des plus importantes capitales de l'Europe.

Milan résidence du Vice Roi et d'un Gouverneur possède une population de cent soixante mille habitans, ses faubourgs en comptent 26,000, et sa population adventive est d'environ 14,000. Cette belle capitale du Royaume Lombard-Venitien placée sur la rive gauche de la petite rivière de l'Olona a onze portes, environ 3 lieues de circonférence. Son enceinte est ornée de magnifiques boulevards qui dominant la ville de 20 pieds dans son contour sont bordés de belles allées de maroniers qui offrent aux promeneurs, tant à l'intérieur qu'à l'extérieur, l'aspect d'un magnifique panorama aussi riant que varié. Chaque porte conduit au dehors à travers de larges routes bordées d'allées d'arbres, et tracées dans des plaines fertiles couvertes de prairies toutes arrosées par de limpides ruisseaux. La large circonvalation de Milan est majestueusement bordée d'immenses platanes; et tout près de la place d'armes on trouve de belles allées de plantes éxotiques très rares, dans lesquelles on distingue des plantes du Japon. Des onze portes de Milan, huit méritent vraiment d'être observées et trois éxigent une admiration toute particulière par le gout, l'élégance et le grandiose de leur architecture de très récente construction, je veux parler de la porte Orientale, la porte Ticinese, et la porte Simplon. La porte Orientale dessin de l'architecte Vantini est d'une construction parfaite. Cette barrière ornée de deux superbes pavillons d'architecture grecque avec portiques, et colonnes magnifiques en granit, fixe les regards des amateurs par ses statues, ses bas-reliefs, et l'ensemble de ses ornemens. Au sortir de cette majestueuse barrière se trouve à gauche un vaste lazaret, édifice quadrangulaire entouré d'un portique contenant 296 chambres habilement disposées; il fut construit à l'occasion de la peste qui désola Milan en 1461 et achevé en 1507.

La porte Ticinese composée d'un beau portique avec architecture d'ordre Jonien, soutenu par des colonnes d'un diamètre extraordinaire fut érigé sous le règne de Napoléon par le célèbre Architecte feu le Marquis Cagnoli. L'on y remarque cette inscription: *Paci populorum sospite.*

Ce fut en 1807 que le célèbre arc du Simplon fut commencé d'après le dessin et sous la direction de l'architecte Cagnola en mémoire des grands exploits de Napoléon. Sa chûte en paralysa les travaux de 1814 jusqu'en 1825. A cette époque l'Empereur François I l'ayant visité, les travaux en furent bientôt repris avec activité après plusieurs modifications qui firent adopter l'inscription suivante faisant allusion à la paix générale:

Imp: Et Regi Francisco Augusto
Adsertori Perp: Et Faustitatis Parenti Pub.
PACI POPULIS. PARTA
LONGOBARDIA FELIX.

En 1838, époque du couronnement de l'Empereur Ferdinand à Milan, on fit solennellement l'inauguration de ce snperbe monument éxécuté tout en marbre blanc, et dont les deux beaux édifices en granit rouge d'architecture dorique sont ornés de superbes colonnes d'une seule pièce. Cet arc qui n'a peut être rien eu de supérieur en ce genre par le fini du travail, dans tout ce que vante l'antiquité, et rien qui lui soit comparable depuis la chûte de Rome, mérite d'être considéré comme le plus précieux joyau d'architecture , et comme un chef d'œuvre du génie; car celui de Ferdinand d'Aragon qui fut érigé à Naples en 1400 quoique aussi tout de marbre, ne peut lui être comparé; et celui de Florence qui date de 1700 lui est de beaucoup inférieur par la matière et par le travail. Le sommet de ce monument est orné d'un char triomphal trainé par six chevaux ; les quatre angles sont embellis par quatre statues équestres en bronze comme tous les autres ouvrages de la partie supérieure. L'arc a 73 pieds et quatre pouces de hauteur, sur 73 pieds et quatre pouces de largeur. Ses arcades à l'intérieur comme à l'extérieur sont garnies de deux statues colossales soutenues par huit colonnes de la hauteur de 38 pieds et demi. Quatre de ces colonnes sont d'une seule pièce, et quatre à pilastre demi circulaire. Tous les chapiteaux sont d'ordre Corinthien, et les frises, les entablements, les corniches appartiennent à cet ordre. Les statues, les bas-reliefs, et tous les ornements de ce merveilleux édifice, frappent d'admiration tous les connaisseurs. Si notre gigantesque arc de l'Etoile l'emporte de beaucoup en grandeur sur l'arc de la Paix; il ne peut lui être comparé dans les ornements architectoniques qui, réunissant le gout à la beauté, la richesse à l'élégance, offrent les plus somptueux onvrages en sculture des: Moglia, Sangiorgio, Acquisti, Cacciatore, Monti, Paccetti, Marchsei, Putti, Pizzi, Somaini, Comolli, Rusca, Pasquali, Perabò; qui sont tous des noms distingués en Italie; et dont plusieurs sont déjà devenus Européens. De même que l'arc de l'Etoile offre dans sa sévère et grandiose architecture un monument impérissable qui semble devoir braver le temps; ainsi l'arc de la Paix dans son élégante et noble architecture Corinthienne se présente comme le type de l'art gracieux sous l'égide de la paix. Cet arc mémorable achevé après la mort du fameux architecte Cagnola n'a couté que trois millions et demi, non compris les premières dépenses faites sous le régne de Napoléon. L'architecte Peverelli en a dirigé les travaux, et ses bronzes ont été coulés dans la fonderie de Manfredini.

L'arc de la paix s'élève a l'ouest de Milan, à l'extrémité de la place d'armes dont la largeur est de 1000 pas sur une longueur de 900; ayant de front l'antique château de guerre encore assez remarquable par ses deux belles tours, mais qui est devenu une grande caserne militaire. A sa gauche est une vaste arêne moderne, construite habilement par l'architecte Canonica à l'imitation des amphithéâtres Romains. Elle peut contenir 30,000 spectateurs, et offre parfois, dans les jours de grande fête par l'imposante réunion de cette multitude, un spectacle des plus intéressants et des plus variés. Les spectacles consistent d'ordinaire en courses en char et en courses à pied et à cheval. Quelque fois l'on y donne des spectacles de naumachie.

Milan a trois magnifiques canaux qui, entourant et divisant une grande partie de la ville, mettent en communication l'Adda et le Tésin, lui apportent toutes les productions des Alpes d'où sortent ces deux fleuves dont l'un qui se jète dans le Pô fournit une communication jusqu'à l'Adriatique. Les rues de Milan n'ont point de pavés, mais des dalles de granit d'égale grandeur placées symétriquement et d'une manière flatteuse à l'œil des deux côtés le long des maisons. Ces dalles ne sont point élevées andessus du sol comme nos trottoirs, elles sont au niveau du reste de la rue; ce qui procure un marcher doux et commode. Au milieu de la rue sont placés deux autres rubans de dalles sur lesquels les roues des équipages passent avec une facilité extrême. Entre ces deux rubans de granit règne un cailloutage traversé par d'autres dalles transversales et percés de trous par lesquels s'écoulent dans des acqueducs les eaux pluviales et les immondices qui sont immédiatement entrainées par les canaux souterrains qu'on y a habilement conduits. Tout cela admirablement imaginé, combiné et éxécuté joint au soin avec lequel l'administration municipale fait enlever comme par enchantement les boues, les neiges et les glaces, rend Milan l'une des villes la plus propre non seulement de l'Italie, mais de l'Europe entière. A Milan dans la belle saison, tous les dimanches de 2 a 4 heures, une musique militaire est à la disposition des promeneurs du jardin public; et ce n'est que vers les 6 heures de l'après diner que commence le cours des carrosses. On peut s'imaginer combien les équipages de *gala* doivent avoir d'éclat dans des rues et des promenades toujours propres comme des salons. Aussi rien n'est plus magnifique que le *corso* ou promenade de voitures à Milan. L'étranger qui le voit pour la premiere fois en est frappé d'admiration; c'est Hyde Park à Londres, le bois de Boulogne à Paris, ou le premier mai à Vienne avec cette différence tout à l'avantage de Milan que les yeux ne sont pas attristés par un mélange continuel de beaux chevaux et de haridelles, de voitures de Maitre et de coucous et de fiacres. Les voitures qui paradent dans les jours de fête à Milan peuvent toutes rivaliser en élégance et en richesse. Et à propos de voitures, les Omnibus de Milan méritent à eux seuls une observation toute particulière par le goût et l'élégance de leur construction, ainsi que par leur commodité. Ces détails ne doivent point surprendré, car Milan est le vrai type du luxe et de la richesse italienne.

A Milan il y a environ 1500 équipages, et 70 maisons qui y ont en bienfonds ou en capitaux plus de cent mille francs de rente, 300 qui en ont environ cent et 700 qui on ont de dix à cinquante. Toutes ont équipage parceque c'est la mode, le luxe du pays, et souvent la stipulation ordinaire des contrats de mariage dans les bonnes maisons.

Que dirai-je de la cathédrale de Milan? comment dépeindre cette montagne de marbre qui présente sa forêt de pyramides taillées et découpées en dentelles, en flèches, en aiguilles, en statues dont plusieurs appartiennent à de grands maitres, et dont le nombre est si prodigieux qu'on assure qu'il s'élève a plus de quatre mille! Ce chef-d'œuvre de la patience et de l'industrie humaine, réunit tout ce que le gothique et le mauresque ont de plus gracieux, et de plus élégant. Mais je dois renoncer à décrire une telle merveille, il faut la voir pour la connaitre. Ce fut en 1386 que Jean Galeazzo Visconti Duc de Milan jeta les fondemens de cet immense édéfice qui offre un constant objet d'admiration, par la magnificence et la richesse de ses formes gigantesques et par la singulière légéreté de ses reliefs qui sont superbes en dedans et merveilleux en dehors. C'est à l'architecte Allemand Henri Arler que l'opinion la plus accréditée attribue le dessin originaire de ce temple mémorable dont les travaux ne sont point encore complètement achevés; et qui a couté la somme immense de trois cent quarante millions de francs. L'on peut dire comme l'écrivit l'Empereur Joseph II que c'est une montagne d'or métamorphosée en marbre !

Milan est le rendez-vous de tous les Artistes de l'Italie. C'est de Milan que partent ces légions harmonieuses qui vont faire répéter aux échos de l'ancien et du nonveau monde ces chants divins de l'Ausonie ! C'est dans cette capitale que les principaux entrepreneurs théatrals tiennent leurs assises. Milan possède donze théâtres dont les cinq principaux sout; la Scala, la Canobiana, le Carcano, le Rè et le Filodrammatico. Ce dernier appartient à une société de particuliers qui y donnent gratis régulièrement le vendredi de chaque semaine la comédie, le drame, et quelque fois l'opéra. Le Carcano et le Rè sont deux beaux théâtres qui se régissent indépendans. La Scala et la Canobiana appartiennent à la même administration qui est placé sous la tutelle du gouvernement qui lui fournit une dot annuelle d'environ trois cent mille francs. La Canobiana est un superbe théâtre qui sert parfois à l'opéra quand il y a relâche à la Scala; mais qui ne s'ouvre d'habitude au public que l'automne et le carnaval. L'on y représente alors des comédies et des ballets. La Scala est le plus grand théâtre de l'Italie et aujourd hui (la grandiose et majestueuse arène de Verona exceptée, où il ne reste plus que des ruines comme souvenir des cirques romains) on peut même dire que c'est le plus grand théâtre du monde. Son parterre seul contient aisément trois mille spectateurs. La magnificence de sa décoration ne le cède en rien à celle de ses proportions; et ce théâtre peut être avec raison considéré comme le plus beau temple que le dilettantisme ait voué au culte de l'art lyrique. Et si le théâtre de S. Charles à Naples est sans contredit un des plus beaux de l'Europe, la suprématie est due à celui de la Scala par le net et l'élégante de son architecture. En effet, quelle admirable perfection dans cette coupe! De combien de gracieux ornements n'est pas frappée la vue quand elle embrasse ce vaste et sonore Vaisseau! Les gigantesques proportions de cette salle; ses voûtes animées de fresques, ses six rangs de loges échelonnées et pressées comme des cadres d'or dans un musée et qui représentent toutes ces nobles Milanaises étincelantes de beauté et de toilette; l'éclat des marbres, des peintures et de l'or bruni, la gràce des draperies festonnées à toutes ces loges, au fond desquelles brillent parfois des bougies, ce décor de la scène si magique et si profond qu'il semble une percée sur quelque splendide campagne! puis enfin ces chants puissans qui s'unissent en masses d'harmonie, en ébranlant l'air de leurs percussions vibrantes; l'orchestre avec ses diverses voix de laiton et de cuivre, la pompe de la mise en scène, ces innombrables comparses, ce velours, cette hermine, ces paillettes des broderies, ces armes luisantes, ces plumes dont les toques sont ombragées, tout ce luxe, tout cet harmonieux bruit s'empare en masse de vos oreilles et de vos yeux fascinés sans qu'il soit de longtemps possible à votre attention de se fixer sur quelques détails. Après le chœur formidable où s'unissent sans se confondre, cent voix retentissantes dont les tonalités s'échelonnent depuis les plus graves contraltes jusqu'aux sopranes les plus aigus, tout se tait . . . . . Un violoncelle, un cor Anglais murmure seul quelque gracieuse ritournelle et c'est la *prima donna* qui s'avance et qui chante une de ces merveilleuses cantilènes dont la seule école italienne a le secret. Sa voix lance dans cette atmosphère sonore mille notes folâtres, qui semblent descendre du ciel et passer par les cordes frémissantes des lyres que le peintre de la coupole a placées aux mains de ses muses et de ses Divinités allégoriques. Une première soirée à la Scala cause à l'étranger un si ravissant étourdissement qu'il lui faut plus d'une épreuve pour tout voir, tout analyser, tout juger. Et indépendamment de l'opéra, la réprésentation du ballet éxige à elle seule d'être vu plusieurs fois pour être appréciée, car si les décors sont resplendissants de luxe; l'on doit dire que, la seule danse exceptée, l'ensemble de l'action en est d'habitude aussi long qu'ennuyeux.

Le théâtre de la Scala offre au coup d'oeil six rangs de loges; mais il n'en possède que cinq en réalité, car le sixiéme rang ne tient plus au reste de la salle; et a son entrée toute spéciale comme nos paradis. Le nombre des loges s'élève a deux cents. Les trois premiers rangs en contiennent 36 chaque, non compris la loge du trône qui en occupe six et les avant-scènes qui en forment huit. Toutes ces loges s'ouvrent sur un large couloir qui les sépare d'une sorte d'arrière loge, ou vestiaire, qui en est la dépendance. On tient aisèment 6 ou 8 personnes dans la plupart de ces petits salons, ou de ces boudoirs plutôt, car leur décoration leur méritent ce nom; chacune de ces loges est tendue d'étoffe de soie, de damas, de lampes, de quinze-seize, de satin ou même de velours. Le divan qui en décrit le pourtour est de même étoffe; des glaces recouvrent la porte et les panneaux du fond; des tablettes de marbre, des coupoles supportent des bougies; le plafond, s'il n'est tendu d'étoffe, est élégamment peint à fresque, un tapis s'étend sous les pieds. Ajoutez à cela les accessoircs obligés: patères, embrases, franges et glands de draperies, baguettes dorées, cadres des glaces, torchères, coussins etc., et vous comprendrez combien ces loges s'éloignent des coutumes françaises, où l'exemple d'un pareil luxe ne se voit guère qu'aux avant-scènes de notre grand opéra. Avant la loge se trouve une petite antichambre, des doubles portes défendent l'entrée par le couloir, le domestique en livrée se tient là prêt à introduire les visiteurs ou à aller chercher les rafraichissemens désirés. Les manteaux sont dans le vestiaire; car à la Scala et dans tous les théâtres de l'Italie, on ne trouve pas grouillant dans les couloirs cette engeance policière et mal en humeur que Buffon a oublié de classer dans ses plus insipides bipèdes et que l'on désigne généralement sous le nom d'ouvreuses de loges. Mais aussi, il faut tout expliquer. Les loges des grands théâtres, celles de la Scala par exemple sont, en grande partie, des propriétés particulières qui ne rapportent à l'entrepreneur du théâtre qu'un prix d'abonnement par chaque personne qui s'y place. Ceci mérite une plus ample explication, car c'est une singularité de la Société Italienne. Un théâtre est souvent bâti par une Société de capitalistes, de gens de plaisir, qui entrent dans la dépense générale chacun pour le versement d'une somme dont le chiffre résulte de la division calculée des dépenses. Moyennant cette part dans l'édification du bâtiment, on devient maitre d'une loge qui est votre propriété; comme une maison sur la rue. Là c'est une petite chambre dont la fenêtre donne dans une salle de spectacle, voilà toute la différence. Votre loge à la Scala, par exemple vaut de vingt à soixante mille francs, suivant la proportion de votre part dans l'association générale, pour être au premier, au second, au troisième ou a quelqu'autre rang plus élevé encore. Cette propriété, cet immeuble, vous le vendez, vous le léguez, vous l'achetez, vous le louez, vons le prêtez, vous l'occupez, vous le laissez clos comme vous pouvez le faire de votre maison. Seulement pour en jouir il faut que vous ayez pénétré dans la salle, ce qui ne se peut faire que moyennant un billet acheté à la porte ou le prix d'un abonnement. On conçoit que tous les propriétaires ou titulaires de loges soient abonnés à l'année. C'est là ce qui explique l'élégance de ces charmantes retraites qu'on peut orner comme on le ferait d'un boudoir de son hôtel. Un grand nombre de dames Milanaises passent là quatre à cinq heures par jour, c'est-à-dire de 7 a 8 heures ou soir jusqu'à onze ou minuit, c'est leur vie publique. Par suite de raisons qui se rattachent à des considérations politiques inutiles à développer ici, il y a peu de salons ouverts dans les hôtels et dans les palais de Milan, où l'étranger ne trouve guère réunis le soir que la famille du maître ou des amis intimes de la parenté! C'est donc la Scala qui centralise la vie sociale, et cinq à six fois par semaine toutes ces nobles et belles Milanaises viennent s'y offrir aux lorgnettes de leurs admirateurs et recevoir les visites successives de leurs connaissances. Ces habitudes de visites continuelles que les Messieurs font aux Dames des loges répandent sur cette société une élégance de toilette qui ne se voit guère chez nous qu'aux solemnités du théâtre Italien. On ne peut se présenter convenablement dans une loge qu'en habit, cravaté et ganté avec soin. Les dames de leur côté ne reçoivent qu'en toilette de soirée ou de bal; bien rarement un chapeau, si élégant qu'il soit, apparait sur le devant d'une loge; les coiffures en cheveux, les turbans, les riches bérets sont la seule tenue générale qui y domine. Les Milanaises s'habillent d'ailleurs avec beaucoup de goût, et imitent avec raffinement nos brillantes modes parisiennes. A la Scala le second rang est le plus supérieurement aristocratique. C'est celui ou les loges ont le plus de valeur. Le cinquième rang n'est pas comme les quatre premiers, divisé en loges partielles, il est au contraire formé d'une succession de salons, absorbant, chacun d'eux, trois ou quatre emplacemens de loges, salons spacieux, élégans et toujours brillamment éclairés, ce qui contribue singulierement à égayer l'aspect de la salle.

Ces salons sont occupés chaque soir par des Sociétés, qui en ont fait des espèces de clubs ou l'on joue, où l'on cause librement, ou l'on lit les journaux, où l'on soupe même quelquefois en temps

6 *

de carneval. Le spectacle est la chose secondaire pour les associés, et s'ils s'avancent vers la salle, c'est seulement pour entendre la *prima Donna* ou le *Tenor* en vogue, chanter la cavatine ou le duo principal. Le sixième rang, qui a son entrée spéciale, ne tient plus au reste de la salle par la composition de son public. On conçoit que dans un théâtre aussi sévère que la Scala, ce ne soit pas précisément le bas peuple comme dans nos paradis, qui s'y presse, mais enfin le spectateur mal ganté ou le dilettante prolétaire. Il est juste de dire que ce paradis Italien de meilleur goût que celui de nos théâtres populaires, ne se livre pas comme lui aux interpellations à gorge déployée, non plus qu'à la licence de la coquille de noix et du trognon de pomme. C'est peut être la partie du public la plus attentive au contraire, au spectacle de la scène, car nulle idée fashionable, nul intérêt de commerce ne l'attire dans cette salle et elle se livre, sans distraction aucune, à son goût passionné pour la musique. Tandis qu'au contraire, Messieurs les abonnés du parterre ont d'ordinaire si peu d'égard pour les attentifs du spectacle que souvent ils ne craignent pas d'entamer entr'eux une conversation comme s'ils étaient sur une place publique, et comme si tous les autres spectateurs n'étaient que des intrus!!! Ce sixième rang est le seul dont le prix d'entrée varie, le billet y coûte 17 sous, partout ailleurs il coûte environ cinquante sous de France pour être introduit pour quiconque n'est pas abonné. Une fois dans le vestibule, vous allez librement où bon vous semble, au parterre, dans la loge que vous avez louée, ou dans celle où vos amis vous offrent l'hospitalité. On ne donne point de contre-marque à la Scala pour sortir. Le public étant a peu près le même, c'est à dire formé d'une immense quantité d'abonnés, ou au moins d'habitués, les gens du contrôle ont peu de surveillance à exercer, et pourtant l'intrus qui spéculerait sur leur défaut de surveillance a propos des spectateurs passagers, réussirait difficilement à s'introduire en fraude, àmoins que les controleurs ne voulussent bien fermer les yeux, ce qui se fait souvent vers la fin du spectacle, où d'habitude les domestiques se pressent en foule en attendant les ordres de leurs maitres. Les domestiques sont toujours librement admis dans la circulation des couloirs; mais aucune livrée n'est admise au parterre de la Scala, et il n'est pas même permis d'y entrer en casquette en payant. Aux jours de *gala*, spectacles de cour, ou solemnités lyriques, on place au dessus de chaque petite colonne qui sépare les loges un lustre doré garni de bougies. L'aspect de la salle devient alors une chose littéralement féerique. On doit regréter que le peristyle de ce magnifique théâtre, ne soit pas digne de l'ensemble, car il est très étroit et peu élégant, de même que l'entrée et ses diverses portes peu monumentales. Les foyers (*ridotti*) sont vastes, mais peu élégants, conséquence forcée de leur abandon, les loges étant à la Scala des salons où l'on peut converser sans sentir le besoin d'aller rechercher un centre de société. Ces foyers ne s'animent réellement que pendant les deux bals du carnaval, qui ont lieu à minuit le mercredi des cendres et le vendredi suivant; et cela par la prérogative toute spéciale du rite Ambroisien qui se professe à Milan. Tandis qu'alors la foule turbulente se rue dans la salle étincellante de bougies, les gens comme il faut, s'ils n'occupent pas (comme spectateurs) les loges, viennent aux foyers se mêler aux intrigues, qui à Milan comme à Paris donnent une physionomie passagèrement animée à ces salles désertes pendant le reste de l'année. L'autocrate de la Scala est M.r Merelli, homme habile et entreprenant qui joue le plus grand rôle à cette époque dans le monde artistique. Il est à la fois l'entrepreneur de plusieurs théâtres répandus dans la Lombardie, et le grand théâtre de Vienne est sous sa direction. Milan a deux superbes *Casini* formés de l'élite de ses habitans. Celui des nobles compte 400 sociétaires, et celui des Négocians 350. Ces deux opulentes Sociétés donnent chaque année plusieurs bals brillants qui font l'admiration et la surprise des étrangers.

La Zecca ou hôtel des monnaies, établissement trés remarquable est considéré comme l'un des meilleurs qui existent tant pour la quantité des machines qui servent à la fabrication des monnaies que par l'excellent système qui y est introduit, et par le choix des ouvriers de tous geures qui y sout employés. On y trouve tout ce qui est nécessaire à la fusion, et à la séparation des métaux, un bureau d'essais, un atelier pour les graveurs de coins, une officine vaste et commode pour extraire les métaux des terres par le moyen des amalgames, et un laboratoire décimastique. Toutes les machines ont l'eau pour moteur. Cet important établissement possède encore un cabinet de géologie et a une collection de fossiles d'un grand prix.

La capitale de la Lombardie n'a rien à envier à aucune autre capitale sous le rapport des belles lettres, des sciences et des arts; car elle est le Paris et l'Athènes de l'Italie. L'aperçu suivant donnera une idée de son développement littéraire: le nombre des journaux qui paraissent actuellement dans les Etats Autrichiens est de 159, cequi, comparé à la population de ces Etats qui se compose d'euviron 31 millions 500,000 habitans, fait un journal par 198,110 habitans. De ces journaux, 40 sont politiques, 22 commerciaux, et les 107 autres s'occupent de sciences et de littérature. Dans l'Autriche proprement dite en paraissent 29, dont

24 à Vienne ; dans le royaume Lombardo-Venitien 43 dont 30 à Milan ; en Hongrie 21, dont 14 à Pest ; en Bohême 17, dont 13 à Prague ; 49 journaux se publient dans le reste des Etats Autrichiens. Quant aux langues dans lesquelles ces feuilles sont écrites, 76 sont en Allemand ; 53 en Italien, 15 en Esclavon, 1 en français, et 15 en divers autres idiômes.

Milan possède deux bibliothèques remarquables; la célèbre bibliothèque Ambroisienne connue de toute l'Europe, et celle de Brera. Elles sont toutes deux ouvertes au public depuis dix heures jusqu'a trois. Celle de Brera eutr'autres est tenue avec tout le confort possible, le lecteur y trouve un bon feu, de bons tapis, un beau jour ; enfin toute la politesse et la complaisance imaginables. Un autre établissement qui se trouve également dans le palais de Brera, c'est l'Institut des sciences et des arts renouvelé par l'Empereur Ferdinand lors de son couronnement en 7bre 1838, et qui comme le nôtre est composé de trois classes, l'une, des membres titulaires recevant une indemnité de 1000 f. la seconde classe, des membres honoraires au nombre de vingt, enfin la troisième, des membres correspondans pris dans le pays et à l'étranger.

Le palais de Brera où se fait chaque année l'exposition générale de peinture et de sculpture est un des édifices les plus imposans et les plus grandioses de Milan, tant sous le rapport de l'architecture, que sous celui de sa destination. Il fut construit sur le dessin de François Richini, et la grande porte y fut ajoutée par Piermarini. La façade extérieure de ce monument est simple, et d'une grande solidité: l'intérieur est d'un style noble et majesteux; son escalier qui est magnifique, est décoré de deux statues colossales en marbre blanc, dout l'une, ouvrage de Marchesi représente l'immortel Beccaria, et l'autre de Monti représente le célèbre Volta. Sa cour est vaste et entourée d'un double étage de portiques soutenus par des colonnes. Sons ces portiques on remarque divers monumens parmi lesquels méritent d'être cités ceux élevés à la mémoire du poète Monti, des architectes Piermarini et Albertolli, des peintres Bossi et Pedroni etc. Ce palais consacré aux sciences a été de tout temps le siège des écoles; et à présent c'est le centre de réunion de tontes les institutions d'intruction publique les plus élevées. On y a établi la Pinacothéque ou galerie des tableaux et le cabinet des médailles; l'observatoire astronomique, les écoles de graveur, de dessin, de peinture, d'architecture, de sculpture, d'ornemens, de perspective, d'anatomie pour les peintres, les salles des plâtres, et d'autres etablissemens concernant les beaux arts. Il y a aussi un gymmase avec ses écoles entretenues aux frais du gouvernement, et un beau jardin botanique à l'usage des lycées. Dans la galerie on a réuni les tableaux les plus remarquables qui existaient dans les églises, et les couvens supprimés à cette époque, et la magnificence du gouvernement y a ajouté de nouvelles richesses. La bibliothéque doit sa fondation à Marie Thérèse. La jeunesse studieuse et les savans peuvent trouver a Brera tout ce qui est susceptible d'alimenter la science et le génie.

La bibliothêque Ambroisienne ouverte au public depuis 1609 est un de ces établissemens qui suffisent pour fonder la réputation d'une ville. Le Cardinal Fredéric Borromée cousin de S.Charles la fit bâtir, et lui assigna une dotation. Sa façade est d'ordre dorique simple mais élégant. Plusieurs salles de ce grandiose édifice sont enrichies par une magnifique collection de productions des arts, et des sciences de tous les pays : d'objets d'histoire naturelle, d'antiquités, de sculptures, peintures, plâtres, modèles, statues, bustes, ouvrages de mécanique etc. Elle contient 140,000 volumes et 15,000 manuscrits precieux, en y comprenant les antiquités Judaïques de Joseph l'Hébreu traduites en latin par Ruffin et écrites sur un papyrus Egyptien, un Virgile de Pétrarque avec des annotations de sa propre main, et des miniatures; le précieux volume de Léonard de Vinci intitulé le code Atlantique; et une foule d'autres raretés, parmi lesquelles on distingue le carton précieux et original de l'école d'Athènes peint au Vatican par Raphael!!!

Le conservatoire de musique de Milan mérite d'être mentionné! Il fut établi en 1808. C'est un superbe édifice partagé en deux grands corps de logis dont l'un est réservé aux filles et l'autre aux garçons qui reçoivent dans cet etablissement des leçons gratuites de musique vocale, instrumentale et de contrepoint. La discipline intérieure est fort bien réglée, tant sous le rapport de la morale que sous celui de la méthode d'enseignement. On y reçoit aussi des pensionnaires.

A part une foule d'établissemens gratuits répandus sur tous les points de la Lombardie-Vénitienne, et sans s'arrêter aux célèbres universités de Pavie et de Padoue, je me contenterai de citer en passant ce que Milan offre particulièrement en ce genre tels que: le collège Imperial Royal, les lycées de porte Neuve et de S. Alexandre les Gymnases de Ste Marte et de Calchi-Taeggi; le collège des cadets qui occupe le grand local de S. Luc reste vacant depuis la translocation à Bergame du collège militaire. S. Philippe et sainte Sophie sont deux superbes établissements gratuits pour les demoiselles; mais le plus célèbre de la Lombardie est celui de la Guastalla qui n'appartient pas à l'Etat. Le lycée de S. Alexandre a sous sa dépendance les cinq principaux établissements. Le cabinet physique, le musée d'histoire naturelle, le laboratoire de chimie, et l'observatoire météorologique et optique, ainsi qu'un observatoire astronomique indépendant de celui de Brera.

Bientôt à l'instar de Milan, daus tout le royaume Lombard-Vénitien seront établies des écoles techniques; car ce pays classique qui fourmille de tant de bonnes choses ne peut rester stationnaire quand il s'agit du bien de la societé. Déjà depuis très long-temps, indépendamment des nombreux collèges, et pensionnats privés où la jeuuesse des deux sexes trouve abondamment tous les moyens d'éducation la plus soignée et la plus complète, il existe non seulement dans tous les chefs-lieux, mais dans tous les villages du royaume Lombard-Vénitien des écoles gratuites élémentaires qui sont admirablement régies, et administrées aux frais du gouvernement ou des communes. On y enseigne l'instruction religieuse, les principes de la langue Italienne, l'arithmétique et la calligraphie. Dans les gymnases on apprend les langues Italienne, latine et grecque, l'histoire, la géographie et l'algèbre. Dans les lycées se font les études philosophiques, et l'on y enseigne la géométrie, la physique, l'histoire naturelle, la chimie, la phisiologie, le dessin, l'architecture et la langue Allemande. Dans les deux collèges gratuits de Demoiselles, on y enseigne tout ce qui peut etre désiré pour l'éducation la plus complète et la plus soignée; dans celui de S. Philippe, qui occupe un vaste édifice très commodément distribué, 24 places gratuites sont réservées en faveur des filles de militaire d'un ordre supérieur ou d'employés distingués qui ont rendu d'importants services a l'état. On y enseigne la religion et la morale, l'économie domestique, les langues italienne, française et Allemande, l'arithmétique, la géographie, l'histoire, les élémens, les sciences naturelles, la musique, la danse et les ouvrages de femme.

Plusieurs autres établissemens gratuits sont à la charge et au poids du gouvernement, comme l'école vétérinaire, l'école des sages-femmes, celle des sourds et muets. L'hospice des filles de la charité, qui est une école gratuite ouverte aux filles de la ville et de la campagne, est due à la bienfaisance d'une société privée. Les séminaires sont sous la dépendance de l'Archevêché. Milan compte une foule prodigieuse d'établissemens pieux qui fait tant d'honneur à cet esprit Milanais, peut être à la vérité trop généralement encleint à la quiétude, et aux commodités de la vie, mais si éminemment distingué par les soins éclairés qu'il met à pourvoir à tous les besoins de la classe indigente. Le Milanais n'est pas prodigue de paroles, il agit, et son instinct charitable le porte toujours au soulagement de ses semblables. Survient-il quelque calamité publique, des souscriptions, et mieux que tout cela, des secours sont sur le champ organisés et chacun s'empresse d'y porter son tribut. A différentes époques j'ai eu l'occasion de mêler mon obole aux pieuses offrandes de ces cœurs généreux! Deux des principales resteront profondément gravées dans ma mémoire. Je n'oublierai jamais l'année 1836, époque fatale où le choléra-morbus sévit sur la Lombardie! La générosité et l'humanité du milanais fut mise à une douloureuse épreuve qui ne servit qu'à en constater tout le puissant entrainement. Trois ans après (à l'automne de 1839) les terribles inondations du Pô, du Tésin, et de l'Oglio désolèrent les provinces lombardes en submergeant 5547 maisons, sans en compter 3607 qui furent abandonnées, 1021 qu'il fallut étayer, et 709 qui furent démentelées, ce qui laissa 6519 individus sans toit, et 5024 sans subsistance. Mais une pareille catastrophe ne pouvait qu'exciter plus efficacement encore la philantropie du peuple lombard, et par un élan spontané aussi noble que généreux on eut en quelques semaines plusieurs millions en espèces ou en objets réalisés pour secourir cette grande calamité publique.

Le mont de piété fondé par la liberalité milanaise sous le règne de Marie Sforza dit le Moro, Duc de Milan fut enrichi, depuis, par de pieuses dispositions et par les généreuses largesses de Marie

Thérése et de l'Empereur Joseph II; après avoir subi les crises fâcheuses de 1796, il fut de nouveau mis en activité en 1804 par un capital de cent mille francs qui augmenta si progressivement qu'on évalue aujourd'hui a plus d'un million de francs l'argent qu'il a en cours. L'intérêt du prêt est de 4 pour 100 qui s'élève au 6 pour 100 y compris les frais d'administration. Sous sa dépendance, mais dans un établissement séparé, sont les lieux pieux-aumoniers. Cette institution fondée depuis 1784 après avoir passée par différentes phases fut en 1825 couvertie en une administration confiée à la direction, de cinq membres gratuits pour en distribuer les rentes aux familles indigentes. Cette distribution qui est faite avec la philantropie la plus éclairée est bien digne de remarque: une somme de 321,839,08 est disposée pour secourir annuellement 3,300 familles qui sont encore secourues par une autre somme d'environ 16,000 produit eventuel des quêtes; 240 dots annuelles sout fixées pour les filles de Milan et 400 pour celles de la banlieue; une seconde de 52,873,56 est répartie aux familles déchues que l'on prévient par tous les soins les plus éclairés d'une délicate philantropie; 1700 femmes en couche en reçoivent des secours. Les veuves de familles nobles tombées dans l'indigence y reçoivent annuellement une pension de 529,65. Uue somme annuelle de 358,10 est destinée pour l'éducation de chaque enfant descendant de la noble famille Visconti. Les filles de noblesse destinées à l'état monacal y ont une dot de 529. 65. Un égale dot de 529,65 est annuellement destinée pour dix élèves en droit ou en médecine de l'université de Pavie. D'autres sommes considérables sont admirablement distribuées pour secourir les malheureux, tant de Milan que de la province, selon la volonté des testateurs ; enfin aucune espèce de misère n'est oubliée par cette généreuse administration. Elle entretient deux établissements de pieuses maisons d'industrie. Ces deux établissemens qui sont ceux de S. Marc et de S. Vincent donnent asile à plus de 660 personnes des deux sexes appartenant à des familles absolument incapables de les maintenir, et occupent encore tant au dehors qu'au dedans, quantité de personnes dont le nombre s'élève à plus de 2000.

L'hospice Trivulzio ainsi appelé du nom de son fondateur qui en 1766 consacra son propre palais à cette œuvre pie doit fixer principalement l'attention et faire l'admiration des étrangers. On reçoit dans cet établissement 520 personnes des deux sexes que l'âge rend inhabiles à se pourvoir des choses nécessaires à la vie et qui y sont vêtues et entretenues gratuitement.

L'hospice des R. P. *Fate bene Fratelli* a été fondé en 1588 sous le titre de S. Jean de Dieu.

Depuis cette époque il s'est considérablement accru. L'établissement est desservi par de pieux religieux très experts en médecine, en chirurgie et en pharmacie. Le vénérable père Octave Ferrario l'un des plus célèbres chimistes qui honorent l'Italie, est du nombre de ces braves Cénobites dont l'âme est toute à Dieu et l'existence toute vouée à l'humanité. Quel spectacle attendrissant de voir ces généreux frères dont le petit nombre semble se multiplier par les soins les plus minutieux que leur sainte et généreuse activité ne cesse de prodiguer aux malades ! qu'elle émotion ! quelle douce expansion n'éprouve-t-on pas quand on visite ce beau local où règne si merveilleusement l'abondance jointe à la charité, à l'ordre et à la propreté !! Tout y est angélique, tout y est gratuit, tout y est généreux!!! A l'imitation de ce pieux établissement s'est fondé celui des *Fate bene Sorelle* qui est un autre hospice du même genre destiné aux femmes et pour lequel l'on vient d'ériger sous les auspices de la Comtesse Ciceri et à l'aide de la charité des dames milanaises un superbe édifice qui présente l'aspect d'un vaste et magnifique palais, dont le dessin fait honneur à l'architecte Aluisetti.

Le collège des veuves est un bel établissement qui fut fondé en 1631 par le Cardinal Frédéric Borromée. Les veuves qui y sont admises y ont gratuitement un joli logement et on leur passe un léger appointement annuel. Elles sont toujours libres de quitter l'établissement et ne contractent aucun engagement en y entrant.

Depuis plusieurs années il existe non seulement dans les villes, mais presque dans tous les villages du Royaume Lombard-Vénitien des établissemens pour les asiles d'enfance. Milan qui n'est jamais la dernière à tout ce qui est progrès philantropique en compte déjà cinq qui prospérent et grandissent journellement en puisant à la source intarissable de la charité de ses habitans. Milan possède deux autres établissemens bien dignes de remarque qui doivent captiver l'attention des visiteurs: L'orfanotrofio (*Orphanotrophium*) dont l'un est pour les garçons et l'autre pour les filles. L'orphanotrophium pour les garçons fondé en 1528 contient actuellement plus de 200 orphelins reçus gratuitement de l'âge de 7 a 13 ans qu'on garde jusqu'à 18. On leur enseigne à lire, à écrire, l'arithmétique et le dessin; et on leur apprend des métiers. En sortant de l'établissement chaque éléve a droit à un quart du produit de ses travaux etl reçoit 40,20 en espèce, 3 chemises, 2 paires de bas, deux paires de brodequins, un mouchoir et deux chapeaux. On reçoit aussi dans ce bel établissement des pensionnaires aux frais des particuliers. Ce fut en 1578 que fut fondé l'orphanotrophium des filles par S. Charles Borromée. Il se compose de deux établissemens bien distincts.

Dans l'un sont les filles dites *de la Stella*, admises de l'âge de 7 a 12 ans, qui passent ensuite à l'autre établissement nommé *S.te Marie de Loreto*, ou elles peuvent se fixer si elles le désirent, leur vie durant. Mais si elles ne sout pas réclamées par leurs parents ou par des particuliers, elles n'en sortent d'habitude que lorsqu'elles sont destinées à être maîtresses dans d'autres établissemens. Si elles se marient ou se placent spirituellement durant leur séjour dans cette pieuse demeure, elles reçoivent une dot de 441. 38; et si elles se placent après en être sorties, pourvu qu'elles soient restées six ans dans l'orphanotrophium, on leur remet une dot de 353. 10, non compris une autre dot de 132. 42 qui leur est assignée par *le legs-Turconi*. Indépendamment de tout ce qui est prescrit pour une bonne éducation et tout ce qui a rapport aux ouvrages féminins, on leur enseigne les élémens de la musique vocale.

Ces deux pieux établissemens qui contiennent déjà 600 éléves y compris les pensionnaires reçues aux frais des particuliers, viennent encore d'être tout récemment agrandis par des dispositions éclairées et philantropiques. On vient de fonder en même temps une maison d'encouragement pour les arts et métiers. C'est un Institut polytechnique:

création toute nouvelle pour Milan qui promet déjà un heureux avenir. Depuis six ans la Lombardie a six asiles pour l'Enfance, qui sont admirablement régis. A l'exemple de Bergame et de Crémone, Milan a un asile pénitencier pour renfermer les jeunes gens incorrigibles qui pullulaient naguère dans ses rues. Cet établissement est d'une importante utilité pour la prospérité morale et physique du peuple milanais, dont malheureusement on alimente trop souvent l'oisiveté et la paresse par des largesses mal placées.

Le grand Hôpital de Milan dont la fondation remonte à l'année 1456 doit l'origine de sa prospérité à la généreuse libéralité de François Sforza IV Duc de Milan, et de sa digne femme Blanche Marie Visconti qui firent don d'un de leurs palais et de quelques maisons et jardins avoisinant ce premier édifice. Le plan de cet établissement magnifique et remarquable sous quelques rapports qu'on le considère est d'Antoine Filarète dit l'Averulino. Ce vaste édifice d'architecture gothique est celle d'un carré parfait entouré de deux étages d'élégans portiques. Ce fut en 1797 qu'on mit la dernière main à cet immense bâtiment sur le plan de l'ingénieur Castelli, en élevant une aile qui manquait, et au moyen de laquelle on entoura les 4 cours dessinées par l'architecte Richini. Dans ce magnifique établissement tout y a été orné avec l'ordre le plus parfait, avec la prévoyance la plus éclairée. La pharmacie, les cuisines, les moulins, les dépôts ou magasins, les salles pour les malades, les archives, les bureaux de l'administration et de la direction, les logemens pour les Ecclésiastiques, les médecins les chirurgiens, les nourrices, les desservans, le local pour les écoles, la buanderie etc. etc. tout enfin annonce la plus rare intelligence et la connaissance la plus éxacte des besoins les plus minutieux. A côté de l'édifice coule un bras du canal dont les eaux servent admirablement à l'avantage de l'établissement. Pour rendre hommage à la mémoire des pieux bienfaiteurs de cet hôpital on expose tous les ans leurs portraits sous les portiques du rez-de-chaussée. Cette exposition qui a lieu en mars attire un grand nombre de visiteurs.

Le nombre des malades qu'on admet d'habitude dans cet hôpital s'élève jusqu'a 1400, et en certaines circonstances il en est entré jusqu'a 2044. Ce vaste hôpital, grâces aux innombrables dotations qu'il a reçues et aux legs qu'il reçoit encore tous les jours, est sans contredit un des plus riches établissemens en ce genre en Europe. Il a sous sa dépendance plusieurs établissemens secondaires qu'il convient de citer dans leur spécialité: Celui de *S.te Couronne* fournit gratuitement aux malades l'assistance des médecins, des chirurgiens, et on leur distribue les médicamens nécessaires. Celui de *la Senavra* qui est un vaste bâtiment situé hors des portes de la Ville, sert de refuge aux malheureux qui ont perdu l'usage de la raison. L'hospice *de S.te Catherine* est destiné à recevoir les femmes enceintes et les enfans trouvés des deux sexes dont le nombre s'élève parfois a 8000 qui sont en grande partie confiés aux habitans de la campagne. Les filles de cet établissement y reçoivent une dot à l'occasion du mariage. Le refuge pour les incurables se trouve dans le gros bourg de *Abbiategrasso* sur le canal du Tésin. Ce bel établissement qui dépend des lieux pieux-aumoniers contient environ 600 malades.

Depuis 1783 Milan possède un pieux Institut philarmonique, fondé sous les auspices de l'Empereur Joseph II d'auguste mémoire. On n'y admet que des sociétaires pris dans la classe des artistes en musique, reconnus capables de desservir le grand théâtre de la Scala et qui s'obligent à se prêter gratuitement toutes les fois que l'exige l'intérêt de l'Institut. Le but de l'Institut est de secourir les malades dans l'indigence, et de soutenir ceux qui sont incapables de service par l'âge ou par les infirmités ; ainsi que les veuves et les orphelins des sociétaires. Ce pieux Institut retire ses principales ressources du produit des concerts qui se donnent gratis à son bénéfice. Il est sous la surveillance de quatre des principaux seigneurs de Milan qui sont nommés par le gouvernement.

Depuis 1829, à l'imitation de l'Institut philarmonique, s'est établi à Milan celui de l'Institut théâtral fondé uniquement pour secourir les ouvriers du théâtre devenus par maladie ou par malheur impuissans au travail. Comme l'Institut philarmonique, il est soutenu par des concerts qu'on donne à son bénéfice, ainsi que par la retenue mensile du 3 pour 100 sur les honoraires des sociétaires. Le Directeur des théâtres Royaux de la Scala et de la Canobiana est le Président de droit de cet Institut; mais la tutelle en est réservée à cinq membres choisis dans les premières familles de la capitale.

Ce fut en 1823 que s'établirent dans tous les chefs-lieux du royaume Lombard-Vénitien les caisses d'épargne dont celle de Milan est la principale. On y reçoit d'une livre jusqu'á 75 dont on paye l'intérêt annuel du 3 pour 100.

Milan compte généralement moins de palais que les autres grandes villes d'Italie. Voici les plus remarquables: le palais Impérial et Royal, qui est la résidence du Vice Roi, n'est qu'un vaste édifice remarquable, comme la place du Dôme par son irrégularité, si peu en harmonie avec ce temple merveilleux dont il masque le flanc du côté de sa partie méridionale. Les appartemens de ce palais sont néanmoins commodément distribués; on y admire surtout le grand salon d'ordre Corinthien appelé le salon des Cariatides: il est décoré de statues, d'ornemens en stuc et de cariatides On y voit de superbes fresques du célèbre Appiani qui font l'admiration des connaisseurs. Le palais de l'archevêché remarquable par sa façade qui est de Piermarini possède 2 belles cours dont une est entourée de portiques à deux étages.

Le palais de la Villa Reale est d'une construction moderne aussi riche qu'élégante. Il fut élevé en 1790 par les ordres du comte Belgioso sur le plan de l'architecte Polack. Sa façade est extrèmement riche et les dispositions savantes de ce bâtiment, l'harmonie parfaite de toutes ses parties, les ornemens exterieurs et intérieurs,attestent suffisamment la magnificence de son fondateur, et le talent de son Architecte. Le dessin de ce beau palais qui s'élève majesteusement à côté du jardin public mériterait une mention toute particulière et détaillé . Le Palais du gouverneur autrefois appelé Diotti du nom du propriétaire qui le fit construire, est un vaste carré orné de colonnes accouplées. Deux beaux escaliers conduisent à des appartemens commodes, enrichis de peintures d'Appiani.

La magnifique façade de ce palais est de l'architecte Gilardoni. Le palais de la comptabilité, construit d'après le plan de Fabius Mangone fait le plus grand honneur à cet habile architecte; ce bâtiment ne craint la comparaison avec aucun autre du même genre, tant sous le rapport de la pureté du style que sous celui du grandiose imposant qui y domine. On y entre par deux cours entourées de portiques à colonnes.

Le Braletto ou hôtel de ville n'offre rien de remarquable dans son architecture; mais il est d'une immense étendue à deux grandes cours, et est occúpé par la mairie du conseil municipal, et la commission des embellissemens de la Ville. Le Palais Marino est la résidence du Magistrat Caméral. Il fut construit en 1555 d'après le dessin de Galeaz Alexis de Pérouse. Ce majestueux édifice a sa façade composée de trois ordres d'architecture où l'on a prodigué des ornemens qui sont en parfaite harmonie à son intérieur embelli de portiques à colonnes. Au rez-de chaussée sout les magasins de la grande douane et la caisse du trésor.

Le Mont Napoléon, occupé par le Mont du Royaume Lombard-Vénitien est un bel édifice d'ordre Jonique dessin de Piermarini. Il fut ouvert en 1753. Ce Mont renferme l'administration de liquidation de la dette publique. Le palais Cusani est occupé par le Commandement Militaire. Dans le Palais Clerici sont les tribunaux.

Milan compte moins de somptueux édifices que les autres grandes Villes de l'Italie, mais elle est si bien bâtie, et elle met tant de goût et d'élégance dans l'architecture des nombreux bâtiments qu'elle ne cesse d'ériger comme par enchantement, qu'un très grand nombre de ses maisons peut vraiment aujour d'hui recevoir à juste titre le nom de palais. Parmi ceux-ci, l'étranger restera frappé de surprise et d'admiration en visitant le colossal édifice que M. le comte Archinto a tout récemment fait bâtir pour s'en faire une demeure particulière qu'on peut appeler royale. Les décorations et l'ameublement de ce gigantesque palais sont fabuleux de luxe artistique et de magnificence; et on le comprendra lorsqu'on saura que le palais Archinto avec ses ornemens a couté à lui seul plus de deux millions. L'architecte est M. Besia. Le peintre des fresques et des plafonds est M. Darif artiste habile et d'un très rare mérite.

La Lombardie en général est très remarquable pour son goût dominant pour les colonnes. La façade des maisons, les cours, les vestibules y sont ornés de colonnes. Milan par ses colonnes a la préséance sur toutes les villes d'Italie; elle en compte plus de trente six mille. Les places de Milan sont en général mesquines et n'offrent aucun intérêt; mais les églises y sont généralement belles. On y compte plusieurs temples vraiment magnifiques; et bientôt on pourra en admirer un nouveau dans celui qu'on vient d'ériger à l'honneur de S. Charles avec le secours des pieuses offrandes des fidèles.

On professe à Milan le rit Ambroisien qui a des variations et des formes différentes à celles du rit

Romain et des rapports et quelque analogie avec le rit grec.

On trouve en général.à Milan tout ce qui est nécessaire aux besoins, à la commoditéet aux plaisirs de la vie. Les hotels y sont bons et les restaurans excellents. Si les cafés y étalent peut être moins de prodigalité en luxe qu'à Paris; ils se distinguent par la propreté, le bon goût et l'élégance de leurs salles; et ils y sont en réalité de beaucoup supérieurs par leur service toujours aussi économique que varié.

Mais je m'arrête! espérant avoir rapidement et consciencieusement esquissé tout ce qui peut intéresser le plus, l'étranger et le lecteur impartial, dans l'examen de la Lombardie; ceque j'ai dit suffira, je pense, pour faire comprendre combien ce beau pays a été légérement jugé par les voyageurs qui ont voulu en parler sans en avoir approfondi les ressources et les aspects véritablement dignes d'éloge ou de critique. Si je n'ai pas montré ici une plume littéraire ou poétique, dumoins ai-je la conviction que personne ne pourra blâmer l'esprit de justice dans lequel ces lignes ont été écrites. J'ai déclaré, avant de les commencer, ma complète indépendance, dont le lecteur aura pu accorder toute sa confiance à ce que j'ai expliqué, exposé ou analysé. Mon seul but a donc été de rétablir un peu les choses si souvent altérées par des critiques futiles, ou de basses adulations, en les présentant sous leur véritable point de vue . . . . Ai-je reussi? C'est au lecteur indulgent et sérieux à la fois, de prononcer si j'ai eu tort ou raison de prendre la plume.

FIN.

SOMMAIRE.

---

www.ingramcontent.com/pod-product-compliance
Lightning Source LLC
LaVergne TN
LVHW020430230826
846091LV00004B/1441